KB151301

우울할 땐 마카롱보다 마음공부

# 우울할 땐 마카롱보다 마음공부

초판 1쇄 발행 · 2019년 11월 01일
초판 2쇄 발행 · 2019년 11월 25일

지은이 · 김은정
펴낸이 · 이종문(李從聞)
펴낸곳 · 국일미디어

등록 · 제406-2005-000025호
주소 · 경기도 파주시 광인사길 121 파주출판문화정보산업단지(문발동)
　　　서울시 중구 장충단로8가길 2(장충동1가, 2층)
영업부 · Tel 031)955-6050 | Fax 031)955-6051
편집부 · Tel 031)955-6070 | Fax 031)955-6071

평생전화번호 · 0502-237-9101~3

홈페이지 · www.ekugil.com
블로그 · blog.naver.com/kugilmedia
페이스북 · www.facebook.com/kugillife
E-mail · kugil@ekugil.com

ISBN 978-89-7425-657-9(03180)

행복해지려고 마음 먹은 만큼
행복해질 수 있다!

# 우울할 땐 마카롱보다 마음공부

김은정 지음

국일미디어

# prologue

## 마음공부 세계로 초대

첫 번째 책이 이렇게 늦게 나올지 몰랐습니다. 저는 2017년 유튜브에 '마음공부방' 채널을 개설할 때부터 책쓰기를 계획하고 있었습니다. 의도는 명확했습니다.

'내가 알게 된 마음의 비밀을 많은 사람에게 알려야겠다!'

어디서 이런 자신감이 나왔을까요?
내세울 만한 프로필이 전혀 없는 무명의 일반인이 '마음공부방'이란 채널을 만들어 강의를 하고, 유료 세미나를 개최하고, 책 출간까지 기획하는 자신감 말입니다.

사실 구구절절 장황한 이유 같은 것은 없습니다. 그건 그저 소명처럼 생각되었습니다. 그냥 제가 해야 할 일처럼 느껴졌습니다. 마음공부라는 놀랍고 멋진 여정에서 가장 중요한 가치는 저의 프로필이 아닌 '마음'이었습니다.

2년 동안 대본도 없이 독서&강의 방송을 거의 매일 올렸습니다. 제 목표는 꾸준히 올려서 조금씩 성장하는 것이었습니다. 화려한 편집기술이나 현혹될 만한 콘텐츠를 배제하고, 진지한 마음공부 영상을 만들어, 언제 들어도 뭔가 마음에 남는 메시지를 남기고 싶었습니다. 이 고집스러운 소신을 갖고, 3년간 거의 쉬지 않고 650개 가까운 영상을 제작하여 업로드했습니다.

또한 북클럽 형식의 오프라인 세미나와 모임 등도 기획하여 진행하였습니다. 강의 방송을 통해 소통하던 사람들과 직접 만나 공부를 하는 것은 정말 흥미로운 작업이었습니다. 이런 모든 도전들은 저에게 새로운 가능성과 기회를 열어준 놀라운 경험이었습니다.

그렇지만 유독 책 집필은 뭔가 순조롭지 않았습니다. 강의는 한번 시작하면 너무나 자연스럽게 말이 술술술 나왔습니다. 하지만 책 집필만큼은 무엇인가 머리를 억지로 쥐어짜내고 있다는 인위적인 감성이 저를 불편하게 만들었습니다. 한마디로 흐름을 타지 못했던 것 같습니다.

시간이 흐른 지금 돌이켜 생각해보면 저의 너무 이른 욕심 때문이었던 것 같습니다. '나'와 '마음공부'라는 테마를 브랜딩화 시켜 더 빨리 성장하려는 욕망 말입니다. 그런 욕망은 불꽃을 일으키다가도, 인위적인 노력의 불편함을 주기도 합니다.

결국 집필 작업을 멈추었고, 기다리기로 결심했습니다. 언젠가 글이 술술 써질 때, 그 흐름을 타서 쓰는 것이 맞다고 판단했습니다.

책을 완성하기 위해선 무엇보다 '깊은 진심'과 '영혼의 정성'이 더해져야 합니다. 그건 욕심과 인위적인 노력으로 채워지는 것이 아니었습니다.

집필 중단은 지금 생각해도 정말 잘한 결정이었습니다. '모든 것은 때가 있다'라는 말이 맞습니다. 만약 그때 책을 냈더라면 완성도가 떨어진 부끄러운 콘텐츠를 만들었을 겁니다.

저는 더 기다려야 했고, 더 공부해야 했으며, 채널을 더 단단하게 성장시켜야 했습니다. 열매가 달게 익으려면 반드시 인내의 시간이 필요하듯, 저 스스로도 성숙의 시간이 필요했던 것이죠.

그렇게 1년이 지날 즈음, 이제 글을 쓸 수 있음을, 이젠 피할 수 없음을 직감적으로 알게 되었습니다. 그동안 훌륭한 영적 스승들의 마음 관련 콘텐츠를 열심히 분석했고, 나름의 통찰을 사색했고, 마음공부의 정체성을 올곧게 유지했습니다.

또 나만의 철학을 차곡차곡 쌓기 시작했습니다. 스스로 말하기 부끄럽지만, 제가 할 수 있는 최상의 지혜의 장이 열렸음을 느끼기 시작했습니다. 그리고 그 흐름을 타서 집필을 하게 된 것입니다.

기다림 끝에 드디어 때가 찾아온 것입니다. 그리고 꾹꾹 담아온 마음의 이야기들을 후회하지 않도록 최선을 다해서 담았습니다. 이 책은 650개에 달하는 강의 영상을 집대성한 자료의 보고이며 마음공부방 최초의 텍스트자료집입니다. 그래서 핵심적으로 여러분이 궁금해할 만한 이야기를 가득 담았습니다.

마음공부에 대해서 궁금하셨던 분들은 이 한 권의 책으로 많은 궁금증과 니즈를 충족시킬 수 있다고 자신합니다. 동시에 제가 살아온 이야기도 담백하게 풀어놓았습니다. '김은정'이란 사람을 통한 마음의 이야기들이 진심어린 소통이 되어 서로의 마음에 울림이 되었으면 좋겠습니다.

글쓰기는 머리가 아닌 영감을 통한 씌여짐이 중요했고, 이건 매우 창의적인 작업이었습니다. 씌여짐이란 우주의 지성이 '나'라는 사람을 통해 스스로를 드러내는 신비를 말하며, 아마도 이 책을 다 읽으면 이 말 뜻을 이해하시리라 믿습니다. 그 신기하고 알쏭달쏭한 마음공부의 세계로 여러분을 초대하고 싶습니다.

이 책이 누군가에게 작은 울림이 될 수 있다면
그는 세상을 비추는 작은 별빛이 될 거라 믿습니다.
그리고 작은 별빛들이 모여 흐르면
아름다운 은하수를 이루고,
은하수의 무리 속에 우리는 점점 더 찬란하고
빛나는 세상을 보게 될 것입니다.

이 용기에 응원을 보내준 유튜브 마음공부방 채널 구독자 여러분께도 감사드립니다.


2019년 10월
마음공부의 열매를 기대하며
김은정

# Contents

## 3부 · 모든 것은 마음 먹기 나름

## 4부 · 끌어당김의 법칙, 시크릿의 진실

## 5부 · 치유가 먼저다

# 6부 · 잠재의식의 비밀

# 7부 · 성장을 위한 지도

# 에필로그

# 글을 읽기 전에

이 책에선 '우주'라는 표현이 자주 나옵니다. 여기에서 말하는 우주란, 물리적인 우주라는 공간을 이야기하는 것이 아닙니다. 저도, 여러분도, 지구도, 모든 별도 모두 우주라는 공간 안에 들어가 있고 우리 또한 우주의 일부입니다.

따라서 마음공부 차원에서 말하는 우주란 우리 전체를 감싸 안고 있는 커다란 힘, 혹은 근원입니다. 어떤 이들은 그 힘을 '신'이라 말하기도 하고, 또 어떤 이들은 '잠재의식', '무한한 힘', '우주 에너지'라고 말하기도 합니다. 바로 전체적으로 우리를 감싸고, 우리를 끌고 가는 힘과 흐름으로 이해해 주시면 감사하겠습니다.

마음의 세계는 눈으로 볼 수도 없고, 과학적으로 증명하기도 어려운 세계입니다. 따라서 증명이 충분치 않은 마음의 과학은 언제나 알쏭달쏭하고 어렵습니다. 하지만 열린 마음으로 글을 읽어주셨으면 하는 바람입니다. 그러면 내 '마음'과 내 '인생'을 연결해보는 즐거운 지성여행이 될 것입니다.

마음공부를 하게 된 이유

마음공부의 핵심

인생이 바뀌었다

# 1부

# 나의 마음공부

충분한 재물이 없는 것이 아니라

충분하다는 마음이 없기 때문에 언제나 부족한 것이다.

- 묵자

# 01

## 마음공부를 하게 된 이유

어느 날이었습니다. 여느 때처럼 일을 마치고, 터벅터벅 걸으며 퇴근을 하고 있었습니다. 전 그때 두 개의 온라인 쇼핑몰과 한 개의 오프라인 매장을 동시에 운영하고 있었고 사업과 살림, 육아 등으로 늘 시간에 쫓기며 정신없이 살고 있었습니다. 그날도 지쳐 있었고, 모든 것이 유난히 힘들게만 느껴지는 저녁이었습니다. 그때 문득 이런 생각이 들었습니다.

'내 발목에 바위가 달린 것처럼 무겁다. 삶이 버겁다.'

그동안 쉼도 없고 여유도 없이 달려왔던 탓이었을까요? 아마도 많이 지쳤던 것 같습니다. 지구의 중력이 더 세진 것이 아니라 발걸음을 뗄 때는 제 발의 힘이 약해진 것이지요. 일을 할 땐 몰랐는데 집으로 걸어오는 발걸음은 한없이 무겁게만 느껴졌습니다.

전 성인이 된 이후로 삶의 힘겨운 달리기를 멈춘 적이 없습니다. 부모님의 형편상 저를 뒷바라지하실 여력이 되지 않아 여느 아이들과 달리 억척스럽게 제 힘으로 세상을 개척하며 살아야 했습니다. 때론 흥미진진하고 즐겁기도 했지만, 때론 겁이 나고 불안하기도 했고 외롭기도 했습니다. 어떻게 살아가야 할지 막막하기도 했습니다.

스무살 이후로 단 한 번도 돈벌이를 멈춘 적이 없습니다. 아르바이트를 하던, 회사를 다니던, 사업을 하던 늘 일을 해야 했고, 목표는 한결같았습니다.

"돈 많이 벌어 부자 되기."

부자가 되면 행복할 것 같았고 지금 겪고 있는 불편함, 불안, 고생스러움이 해결되고 아무 걱정도 없을 것이라 믿으며 제 청

춘을 모두 보냈습니다. 주위를 둘러보지 않고 오직 앞만 보고 달렸습니다. 그것도 엄청난 속도로 말입니다.

그런데 그 열정어린 달리기는 결혼과 육아를 거치며 서른 중반쯤 되면서 조금씩 속도가 느려지기 시작하더니, 급기야 더 이상 달릴 에너지가 생기지 않았습니다.

그리고 알았습니다. 그동안 제 자신을 돌보지 않았다는 것을요. 쉬어가고 싶은 마음이 들면, 이내 부족한 열정을 다그쳤습니다. 미래에 불행하지 않으려면, 결코 지금의 달리기를 멈춰서는 안 된다고 단호한 매질을 해댔습니다.

그렇게 조금의 숨을 고를 겨를도 없이 계속 달리기만 했습니다. 그런데 앞으로 나아가고 있다고 생각한 달리기는 자세히 보니 다람쥐 쳇바퀴처럼 제자리만 돌고 있을 뿐이었습니다.

내가 제대로 가고 있는 것인가 하는 마음에 불안했고 갑자기 조급함과 우울함이 몰려왔습니다. 그리고 저를 힘들게 할 각양각색의 일들이 모두 일어났습니다. 늘 열정적으로 하던 일도 더 이상 흥미롭거나 즐겁지 않았습니다. 그리고 인간관계의 배신, 종교적 고뇌 등도 함께 밀려들었습니다. 특히 믿었던 사람의 배신으로 세상에 대한 두려움, 분노, 원망이 커져만 갔습니다.

아무리 노력해도 나아지지 않았고 진흙탕에 빠져 허우적대는 느낌이었습니다.

나름 열심히 살려고 노력하는데 왜 햇살 가득한 삶은 보이지 않고 어둠의 그림자는 걷힐 줄 모르는지, 흙수저라는 뛰어넘을 수 없는 거대한 벽에 가로막혀 허우적대는 제 모습을 보니 슬프고 억울하고 희망이 보이지 않았습니다. 이건 말 그대로 인생 최초의 최대 슬럼프였습니다.

슬럼프를 겪은 분들은 아실 것입니다. '힘들다'는 말로는 설명할 수 없는 마음의 고통을 말입니다. 저는 겉으로는 여전히 밝은 척 했지만, 집으로 돌아와 혼자 있을 때는 지치고 상처난 마음을 부여잡고 다람쥐 쳇바퀴를 돌려야 하는 제 인생이 가여워 한없이 울고 또 울었습니다.

저는 깊게 생각해 보았습니다.

'무엇이 문제이고 그 이유는 뭘까?'

고민을 거듭한 끝에, 모든 원인과 문제를 압축할 만한 두 가지 물음표를 찾아내는데 성공했습니다. 그 후 이 두 가지 질문은 제 인생을 바꿔놓았습니다.

'나는 행복하기 위해 사는 건데, 언제까지 이렇게 살아야 할까? 이렇게 사는 것이 행복일까?'

'인생이 계속 같은 곳을 맴도는 다람쥐 쳇바퀴 같다. 아무리 발을 굴러도 제자리다. 어떻게 여기서 벗어날 수 있을까?'

이 물음은 저만의 혼란은 아닐 것입니다. 분명 대부분의 현대인들이 안고 있을 미래에 대한 불안감일 것입니다.

우린 이런 근본적인 질문에, "원래 인생이란 게 다 그런 거야"라고 대충 덮으며 살고 있습니다. 어쩌면 죽는 순간까지도 답을 찾지 못하고 세상을 떠날 수도 있습니다. 하지만 저는 이 난제를 반드시 풀어야 했습니다. 이 난제를 해결하지 못하면 영원히 이 아픔에서 벗어날 수 없을 것 같았습니다.

그리고 이 의문을 풀기 위한 방법은 마음공부밖에 없다고 생각했습니다. 나를 탐구하기 위해선, 나의 마음을 탐구해야 했습니다. 전 마음공부를 통해 '이 세상은 근본 세계가 존재한다'라는 것을 깨닫게 되었는데, 근본 세계는 사실상 마음이었습니다.

제 마음이 힘들어지게 된 두 가지 원인의 답을 찾아야 했습니다. 그렇지 않으면 꽤 힘든 마음의 병을 얻게 될 것이 틀림없었습니다.

- 행복하기 위해 사는 건데 지금 행복하지 않은 이유
- 삶이 다람쥐 쳇바퀴처럼 반복되는 이유

저는 이제는 마음을 다스려야 할 때임을 알게 되었고, 그건 나와 내 인생을 치유하기 위한 최선의 혹은 유일한 방법이었습니다. 누구에게 물어볼 수도 없고, 넋두리로 풀어놓지도 못하는 이 답답함을 스스로 치유하고 싶었습니다.

저의 마음공부는 종교 의존적이지도 않고, 말랑말랑한 위로와 공감으로 억지로 감싸 안아주려는 친절도 아닙니다. 지극히 객관적인 사실의 나열과 논리의 집합입니다. 그래야 누구보다 냉철하고 논리적인 것을 좋아하는 저를 설득시킬 수 있습니다.

마음공부 방법은 간단합니다. 바로 영적 스승의 마음에 관련된 책들을 찾아 읽으며, 충분히 사색하는 것입니다. 저의 서재엔 오래전 무심히 한 번 읽고 말았던, 마음관련 서적이 잔뜩 쌓여 있었습니다. 그 책들은 저의 무관심 속에서 세월의 먼지를 소복히 쌓고 있었습니다.

'어둠 속에서 빛을 볼 수 있다!'고 했나요? 그냥 젊고 열정 넘치고, 삶의 방향이 뚜렷했던 호기롭던 순간엔 잘 보이지 않았던 빛은, 제가 어둠으로 들어가자 서서히 진가를 드러내기 시작했습니다. 분명 예전에 읽었을 땐 큰 감동을 주지 못했던 책들이 한줄기 빛이 되어 저를 감싸며 자신의 존재를 드러내고 있었습니다.

책 속의 텍스트들은 살아 움직였고, 저에게 지혜의 씨앗을 심는 법을 알려주었습니다. 그렇게 저의 마음여행은 시작되었습니다.

> '나는 행복하기 위해 사는 건데,
> 언제까지 이렇게 살아야 할까?
> 이렇게 사는 것이 행복일까?'
>
> '인생이 계속 같은 곳을 맴도는
> 다람쥐 쳇바퀴 같다.
> 아무리 발을 굴러도 제자리다.
> 어떻게 여기서 벗어날 수 있을까?'

# 02

## 마음공부의 핵심

마음공부가 추구하는 핵심을 짚어보겠습니다.

첫 번째는 과거로 인한 상처를 치유합니다.

우리는 과거 여러 가지 일을 통해 받은 크고 작은 상처를 안고 살고 있습니다. 그 상처를 미처 치유하거나 흘려보내지 못해 지금 현실적인 문제와 고통들을 만들어 내고 있습니다.

우리 마음에 숨겨 있는 상처와 아픔을 조금씩 치유해야 합니다. 이 작업을 위해선 스스로의 내면을 들여다보고 이해해 줄 수 있는 인내가 필요합니다. 또한 어떤 집착으로 인해 힘들다면, 더 이상 머무르지 못하도록 흘려보내야 합니다.

두 번째는 행복한 마음을 갖게 됩니다.

우리는 정신과 육체, 마음이 함께 움직이는 존재입니다. 하지만 정신과 육체에 비해서 영혼에는 별로 관심을 두지 않습니다. 살면서 영혼이 기쁨을 느낀다는 것은 진정한 행복을 이야기합니다. 우리는 진정으로 행복을 원하지만, 행복이 어떤 것인지 잘 모르며 살고 있습니다.

반드시 기억해야 합니다. 행복하기 위해선 영혼의 기쁨을 추구해야 합니다. 영혼의 기쁨은 영혼이 즐거워하는 일을 할 때 생기고, 그것은 여러분이 진정 원하는 일이기도 합니다.

마지막 세 번째는 다른 미래를 살게 됩니다.

우리는 마음공부를 통해 다른 미래를 살게 됩니다. 같은 하루를 살아도 다른 마음가짐으로 살게 되며, 점점 고통과 걱정에서 벗어나게 됩니다.

편하고 좋은 마음으로 하루하루를 보내면 우리의 삶은 저절로 좋아지게 됩니다. 그리고 자연스럽게 여러분의 인생은 바뀌게 될 것입니다. 확신합니다.

우리는 마음 세계를 공부하며 많은 치유와 영적 성장을 이루어 낼 수 있습니다.

저는 절박함으로 시작한 공부였지만, 효과는 기대 이상이었습니다. 세계를 바라보는 눈이 더욱 넓어짐을 체험했고, 마음이란 어떻게 보면 모든 것이란 생각을 하게 되었습니다.

하지만 반드시 기억해야 할 점이 있습니다. 절대 마음을 이용하려 해서는 안 된다는 것입니다. 흔히 '끌어당김의 법칙'이라고 말하는 '마음의 법칙'을 공부하는 것을 '마음공부'로 오해하기도 합니다. 그래서 끌어당김의 법칙을 이용해 원하는 것을 가지려, 마음에 접근하기도 합니다.

물론 끌어당김의 법칙은 유효하고, 원하는 것을 끌어당길 수도 있습니다. 하지만 끌어당김의 법칙은 소원뿐 아니라 우리의 부정적인 생각과 마음까지 적용됩니다. 끌어당김의 법칙은 우리의 마음가짐, 생각, 행동, 말들이 모두 되돌아오는 원리입니다.

이 인과법칙을 그저 성공을 위해 이용하려고만 한다면 부작용이 일어날 수 있습니다. 왜냐하면 마음의 에너지를 온통

> 마음공부는 주식투자 비법같은 특별한 기법과 노하우를 배우는 것이 아닙니다. 그저 세상을 알고, 나를 알아가며, 조금 더 자연스러운 흐름 안에서 성장하기 위한 지혜를 배우는 것입니다.

욕망의 성취에 써버렸기 때문입니다. 그래서 마음에 대한 이해가 갖추어지지 않은 상태에서 이용하는 확언, 소원쓰기, 끌어당김, 명상 등은 잘 이루어지지 않습니다. 오히려 욕망이 채워지지 않으면, 마음을 원망하고 포기하게 되는 위험성도 안고 있음을 기억해야 합니다.

마음을 포기한다는 것은 최악의 결과입니다. 마음의 포기란 희망을 버리는 것이기 때문입니다. 인생이라는 긴 여행 동안, 어떠한 일이 있어도 마음을 포기해서 안 됩니다. 마음을 이용하려고 했던 우리의 의도가 잘못된 것이지 마음 자체는 아무 잘못이 없습니다. 마음은 이용하는 것이 아니라 이해해야 하는 것입니다.

마음은 절대 호락호락한 세계가 아닙니다. 그래서 마음먹는 대로 되지 않고, 생각처럼 되지도 않습니다. 따라서 마음을 이해

하지 못한 채 무언가를 얻기 위해 일방적인 명령만 내리고 있다면, 반드시 치명적인 부작용이 일어날 것입니다. 여기서 부작용이란 마음이 혼란스럽고, 힘들고, 나약해지는 것입니다.

마음공부는 주식투자 비법같은 특별한 기법과 노하우를 배우는 것이 아닙니다. 그저 세상을 알고, 나를 알아가며, 조금 더 자연스러운 흐름 안에서 성장하기 위한 지혜를 배우는 것입니다.

성장은 편한 상태에서 저절로 이루어지는 자연의 섭리로 움직이는 것이 가장 좋습니다. 우린 마음공부를 통해 자연스럽게 내면이 성숙해지고, 영적으로 성장하는 것을 추구해야 합니다.

그러니 기대하지 마십시오. 마음공부로 무엇인가를 얻으려 하지 마십시오.

그저 지혜를 추구하세요. 세상의 비밀과 나의 평화와 나의 안식을 위해 ….

# 03

## 인생이 바뀌었다

저는 마음공부를 통해서 많은 변화를 겪었습니다. 그 변화는 제 삶을 바꾸었다고 해도 과언이 아닙니다. 정말 놀라운 변화입니다. 생각이 바뀌었고 마음이 바뀌었습니다. 우리의 삶을 지배하는 것은 환경이 아닌 마음이었음을 절실하게 깨달았습니다.

알고 보니 세상은 마음을 비추는 거울일 뿐이었습니다. 분명 저의 환경과 조건, 처지는 바뀌지 않았습니다. 같은 환경, 같은 조건, 같은 처지, 같은 세상을 살고 있습니다. 그럼에도 마음을 바꾸자 세상이 달리 보였습니다.

부처님은 이렇게 말했습니다. "나는 내 생각의 소산이다."

소크라테스는 말했습니다. "너 자신을 알라."

데카르트는 말했습니다. "나는 생각한다. 고로 존재한다."

예수님도 말했습니다. "육신의 생각은 사망이요 영의 생각은 생명과 평안이니라.(롬 8:6)"

인류사의 중요한 명언과 말씀은 모두 생각에 그 가치를 두고 있습니다. 그리고 생각은 '나'로부터 나옵니다. 따라서 나의 내부가 근본 세계였음을 인정해야 합니다. 나의 내부 세계는 생각, 마음, 느낌, 에너지로 구성되어 있기에, 이것들이 바뀌면 내 인생도 바뀌게 되는 것입니다. 돈 한 푼 들이지 않고 공짜로 말이죠.

저는 실제로 그 변화를 체험했습니다. 그 극적인 변화는 겉으로 보이는 환경과 조건의 변화가 아니라 내면 세계의 변화였습니다. 저의 변화는 아래와 같습니다.

(1) 생각의 변화

저는 그동안 많은 욕망과 조급함을 가지고 살았습니다. 사실 그렇게 조급하게 살 필요가 없었는데 마음공부를 하기 전에는 그 사실을 몰랐습니다. 이제는 천천히 즐기며 걷는 법을 공부하고 있습니다. 미래가 그저 가장 좋은 방향으로 서서히 흐르도록 저를 편하게 두고 있습니다.

나를 위한 진짜 성공은, 바로 내가 있어 가장 빛나는 곳에, 내가 서 있는 것입니다. 그곳에서 가장 빛날 것이기 때문입니다.


### (2) 인간관계의 변화

인간관계를 포함한 모든 이해관계들이 심플해졌습니다. 형식적으로 유지했던 관계를 과감하게 정리하는 데는 큰 용기가 필요했습니다. 하지만 그 투쟁이 지난 후엔 평화가 찾아왔습니다. 그리고 타인에게 무엇인가를 해줘야 한다는 부담감을, 또는 기대고 싶은 마음을 조금씩 내려놓는 연습중입니다.

우리는 관계의 복잡성 안에서 살지만, 내가 힘들지 않으려면 단순하고 명확해야 한다는 것을 알게 되었습니다. 그러면 많은 에너지의 낭비를 막을 수 있게 됩니다.


### (3) 자세의 변화

쿨한 척하며 살았지만 사실 저는 걱정이 많은 사람이었습니다. 걱정은 '에너지 뱀파이어'라고 불릴 정도로 엄청난 에너지를 소모시킵니다. 그래서 걱정을 내려놓고 별 생각 없이 살기로 했습니다. 누군가에겐 한심하게 보일 정도로 그냥 생각 없이 대충 사는 것입니다. 그런데 그 결과는 놀라웠습니다.

자세히 보니 세상엔 그리 걱정할 것이 많지 않았습니다. 걱정한다고 일이 해결되는 것도 아니고 걱정은 걱정을 낳고 내 마음과 삶을 옭아맬 뿐이었습니다. 걱정을 내려놓고 마음을 쉬게 하니, 걱정도 줄어들고 평안함이 찾아왔습니다.

또한 미래에 대한 걱정도 내려놓았습니다. 과정에만 충실할 뿐, 결과는 하늘의 몫이라고 생각하고 과감하게 손에서 놔버렸습니다. 이렇게 되니 모든 에너지를 과정에만 쏟을 수 있게 되었습니다. 모든 에너지와 정성을 과정에 쏟으며 집중하니 결과도 좋아지는 것은 당연했습니다.


(4) 말과 행동의 변화

인상이 점점 편안해지고, 행동도 여유로워졌습니다. 제가 책임질 수 있는 말만 하려고 노력했고, 말하기 전에 한번 더 깊게 생각하는 버릇이 생겼습니다.

무엇보다도 불평하고 남 탓을 하는, 아무 쓸모없는 버릇을 고치게 되었습니다. 불만을 가져봤자, 남 탓을 해봤자 변하는 게 아무것도 없다는 것을 알게 되었기 때문입니다. 차라리 그 시간에 '일을 해결하려면 어떻게 할까?', '나를 위해 무엇을 할까?'를 고민합니다. 이 태도는 여러모로 생산적인 활동을 불러옵니다.

겉으로 보이는 조건의 변화가 아닌, 내적인 변화가 제 삶의 질을 다르게 해주었습니다. 마음공부를 통해 이 모든 것을 이룰 수 있었고 제 삶은 완전히 달라졌습니다.

(5) 생활의 변화

저에게 어울리는 스타일과 취미를 알게 되었고, 제 고유의 취향을 존중하게 되었습니다. 가장 나다운 아름다움과 즐거움이 무엇인지 알고, 그것을 추구하다 보니 별로 남부러울 게 없어졌습니다. 다른 사람과 비교하며 위축되는 어리석음에서도 벗어났습니다.

반대로 별로 좋아하지 않는 일을 억지로 해야 하는 일이 생기면 과감하게 거절합니다. 좋아하지 않는 것에 거리를 두니, 생활 스트레스가 줄어드는 효과를 얻게 되었습니다.

어떻게 이런 변화가 가능하냐고 묻고 싶으시겠죠?

하지만 이건 너무 쉬운 변화입니다. 마음공부를 통해 마음의 비밀에 접근하다보면 이 모든 것이 가능해집니다. 이 모든 것은 힘 하나 들이지 않고 저절로 이루어집니다. 오히려 힘을 빼면 뺄수록 더 잘됩니다.

저는 여전히 일하고, 살림하고, 강의를 하며 바쁘고 평범하게 살고 있습니다. 그 모습 자체엔 큰 변화가 없습니다. 하지만 겉으로 보이는 조건의 변화가 아닌, 내적인 변화가 제 삶의 질을 다르게 해주었습니다. 마음공부를 통해 이 모든 것을 이룰 수 있었고 제 삶은 완전히 달라졌습니다.

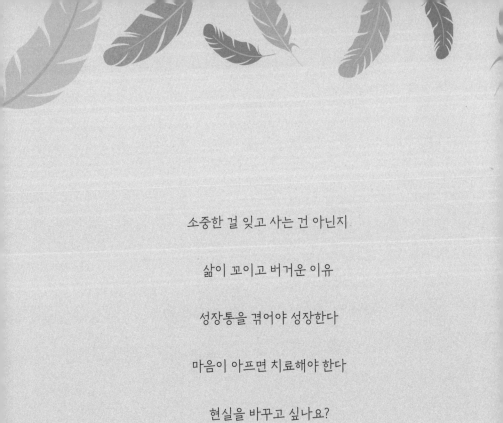

소중한 걸 잊고 사는 건 아닌지.

삶이 꼬이고 버거운 이유

성장통을 겪어야 성장한다

마음이 아프면 치료해야 한다

현실을 바꾸고 싶나요?

오프라 윈프리는 알고 있다

# 2부

# 왜 마음공부를
# 해야 하는가?

나는 바꾸지 않고 세상이 내 마음에 맞게
바꾸어지길 원하기 때문에 삶이 고생스럽다.

– 혜민 스님

04

## 소중한 걸 잊고 사는 건 아닌지

가수 조용필의 <이젠 그랬으면 좋겠네>란 노래에는 이런
가사가 있습니다.

"하늘 높이 날아서 별을 안고 싶어.
소중한 건 모두 잊고 산건 아니었나."

정말 아름답고 철학적인 노랫말입니다. 우린 모두 하늘 높이
날아서 별을 안고 싶어 합니다. '하늘 높이 난다'는 것은 욕망을,

'별'은 꿈을 이야기 합니다. 그런데 문제는 욕망과 꿈을 위해, 우리는 소중한 것을 잊고 산다는 것입니다.

이는 어쩔 수 없는 부분이기도 합니다. 빨리 저 위로 올려가려는 사람의 눈에는 그 목표만 보이고 주변의 작은 것들은 보이지 않습니다. 그것이 더 소중한 것일지라도 말입니다.

하지만 그건 우리 잘못이 아닙니다. 사회는 언제나 위로 향하도록 내몰고 그것이 제일이라고 가르치고 있기 때문입니다. 태어나는 순간부터 부모와 학교와 사회에서의 가르침은 목표, 경쟁, 성적표, 승리, 성공이었습니다. 언제나 위로 올라서야 함을, 앞서 나아가야 함을 배웠습니다. 반짝이는 별을 가져야만 인정받고, 그래야 행복해진다고 배웠습니다.

소중한 것은 너무 하찮거나 혹은 너무 흔해, 그것의 중요성을 인식하지 못하며 삽니다. 예를 들어 공기가 없으면 몇 분도 안되어 죽게 됩니다. 그러나 공기의 소중함은 모르고 삽니다. 또한 물이 없으면, 며칠도 못버티지만 물의 감사함을 잘 모릅니다. 사랑하는 사람이 세상을 떠나면 하늘이 무너지듯 아프지만, 지금 내 옆에 있을 땐 상처를 주고 싸우고 미워하면서 지내기도 합니다. 이렇게 숨쉬며 살고 있다는 것 자체가 큰 축복임에도, 우리는 스스로를 한없이 부족하게만 보고 사랑하지도 않습니다. 정말 중요하고 소중한 것들은 너무나 당연해 대접을 받지 못하고 있습니다.

목표는 어느새 우리의 삶을 지배하고 어느 순간부턴 인생의 목적이 되어버립니다. 그래서 좋은 성적을 받고, 경쟁에서 이기고, 많은 돈을 벌고, 성공하기 위해 모든 노력을 바치며 살고 있습니다. 그래야만 능력있고 성공한 사람이라고 인정받을 수 있기 때문입니다.

하지만 슬픈 사실은 이런 목표를 성취하더라도, 그 기쁨이 오래가지 못한다는 것입니다. 얼마가지 않아 또다른 목표를 위해 도전해야 하고 또다시 채찍질하며 나아가야 합니다. 그런 과정을 거치다 보면 허무함이 몰려올 것입니다.

반짝이는 별을 품에 안아도, 얼마 가지 않아 그 별로는 만족을 느끼지 못합니다. 그래서 지금 가진 별보다 더 크고 화려한 별을 찾아, 또 비슷한 여정을 시작할 것입니다. 더 힘든 과정을 밟아야 하지만, 선택의 여지가 없습니다. 그 별을 잡아야만 더 행복할 것이고, 더 많은 인정을 받을 수 있을 것 같기 때문입니다.

노력하며 사는 것은 바람직한 것입니다. 하지만 자신을 돌아볼 겨를도 없이 그 과정에서 행복함을 느낄 여유도 없이 위로만 위로만 향하고 성공을 향해 나아가는 것은 내 손에 있는 것은 잊고 다른 것을 손에 쥐기 위해 달려가는 것과 같습니다. 겉으로 보기엔 열정적으로 열심히 살고 있는 것처럼 보이지만, 그의 삶은 점점 무거워지고 버티기 힘든 과제에 짓눌리게 됩니다. 그래서 이렇게 한탄합니다.

"행복하기 위해 사는 건데, 이렇게 사는 것이 행복하지 않네요!"

우리는 위로 향하는 방법만 알고 있기에 그 여정 자체가 인생이라고 생각합니다. 쉬다 가는 법, 내려오는 방법은 배우지 않았습니다. 그건 그야말로 실패, 낙오라고 생각합니다. 하지만 행복은 지금 내 옆에 있는 것이지 하늘 위에 있는 것이 아닙니다.

많은 사람이 모든 가치를 별의 개수와 크기로 평가합니다. 별이 삶의 모든 것이고, 그 별들로 인해 자신이 더욱 빛난다고 생각합니다.

만약 그 별을 안지 못한다면 어떻게 될까요? 아마 좌절하며 살게 될 것입니다. 그 별을 안지 못하면 스스로를 실패한 존재라고 생각합니다. 이런 초라한 생각들이 줄을 잇고, 자신을 한없이 낮추며 고개를 아래로 떨구게 합니다.

> 우린 미래의 행복을 위해 지금은 힘들어도 참고 나아가야 한다고 생각합니다. 미래의 행복을 위해 지금은 행복하지 않아도 참아야 한다면 행복은 언제 느낄 수 있는 걸까요? 지금은 행복하지 않아도 되는 걸까요?

하지만 우리 모두는 이것을 잊고 있습니다. 원래는 나 스스로가 별이었음을. 존재만으로도 원래부터 빛나는 별이었음을 말입니다.


어떤 백만장자가 한 어부를 찾아가 말했습니다.


"이렇게 고기만 계속 잡지 말고 사람을 고용해서 더 많은 고기를 잡고 회사를 세우고 합병을 통해 회사를 키운 다음 그 회사를 팔아 큰돈을 버십시오. 당신은 그렇게 할 수 있습니다."

"그러면 뭐가 좋은데요?"

"물론 몇 년간은 힘들 수도 있고, 제대로 쉬지 못할 거고, 자금에 시달릴 수도 있습니다. 하지만 큰돈을 벌면 나중에 일찍 은퇴해서 한적하고 아름다운 곳에서 슬슬 낚시나 즐기며 남은 여생을 가족들과 함께 평화롭고 걱정 없이 살 수 있을 겁니다."

어부는 이상하다는 듯 고개를 갸우뚱거리며 말했습니다.

"지금 이미 그렇게 살고 있는데요?"

우린 미래의 행복을 위해 지금은 힘들어도 참고 나아가야 한다고 생각합니다. 미래의 행복을 위해 지금은 행복하지 않아도 참아야 한다면 행복은 언제 느낄 수 있는 걸까요? 지금은 행복하지 않아도 되는 걸까요?

우린 행복을 위해 열심히 일하고, 행복하기 위해서 열심히 돈을 모으려고 합니다. 그런데 지내다보면 목표는 분명한데 삶의 목적이 희미해집니다. '내가 무엇을 위해 이렇게 살고 있나'라는 질문엔 명확한 대답을 하지 못합니다.

아픔의 이유는 간단합니다. 지금 바로 이 순간이 행복하지 않기 때문입니다. 나중에 잘되면 행복할거라 믿고 있지만, 행복이란 어떤 느낌인지에 대해서도 잘 모르고 있습니다.

우리 삶의 목적은 그렇게 거창한 게 아닐 수 있습니다. 높은 건물의 건물주가 되지 않아도 행복할 수 있습니다. 연예인처럼 아름다운 몸매와 예쁜 얼굴을 가지고 있지 않아도 행복할 수 있습니다. 1등을 하지 않아도 행복할 수 있습니다. 대기업에 다니지 않아도, 부자가 아니어도, 권력이 없어도, 건강하지 않아도 상관 없습니다. 왜냐하면 영혼의 삶의 목적은 체험에 있기 때문입니다. 영혼은 오로지 체험을 통해, 자신을 알아가고 싶어 합니다.

지금이라도 늦지 않았습니다. 인생의 목적이 행복이라면 지금 당장 작은 행복이라도 하나씩 느끼며 살아야 합니다. 시험에 합격을 하고 많은 돈을 버는 것처럼 거창하지 않아도 괜찮습니다. 아이의 깔깔거리며 웃는 웃음소리에 행복을 느끼고, 가족의 건강으로 행복을 느끼고, 부모님과 함께 맛있는 식사를 하는 것에 행복을 느끼고, 여유롭게 차 한 잔 마시며 책을 읽는 것에 행복을 느끼기 바랍니다.

이러한 소소한 행복, 기쁨은 눈에 보이지 않는 생명수입니다. 생명수가 있어야 삶이 메마르지 않습니다.

마음공부를 하면 우리의 삶 자체에서 온전한 기쁨을 느낄 수 있습니다. '성취의 덫'과 '행복의 늪'에만 빠지지 않는다면 언제나 충만함과 감사함을 지니고 아름다운 숲길을 산책하며 여유를 즐길 수 있습니다.

다시 한 번 자신에게 이런 질문을 해보기 바랍니다.

'행복하기 위해 지금은 참으며 살고 있니? 아니면 지금 행복하게 살고 있니?'

# 05

## 삶이 꼬이고 버거운 이유

삶이 점점 꼬이고 버거운 이유에 대해서 알고 싶었습니다. 잘못을 따지거나 탓을 돌리려는 것은 아니었습니다. 그저 이유가 있을 것 같은 생각에 찾고 탐구해 보았습니다. 그리고 그 답을 마음공부에서 찾을 수 있었습니다.

결론부터 말씀드리면, 삶이 꼬이고 버거운 이유는 걱정이 걱정을 부르기 때문입니다. 놀랍지 않나요? 삶이 점점 꼬이는 이유가 삶을 두려워하고 걱정하는 우리의 태도 때문이라는 것이 말입니다.

닐 도날드 월쉬의 《신과 나눈 이야기》라는 책을 읽어 보면 '바탕 에너지'란 말이 나옵니다. 바탕 에너지는 우리를 둘러싸고 있는 에너지를 뜻합니다. 나의 에너지와 바탕 에너지는 서로 영향을 주고받으며 긴밀하게 함께 호흡하고 있습니다.

여러분은 어떤 바탕 에너지 속에서 살고 있나요?

매사에 부정적인 판단을 하는 친구가 있습니다. 그 친구는 작은 현상도 긍정적으로 바라보지 않습니다. 뭔가 꼬투리를 잡거나, 긍정적인 영향보단 부정적인 영향에 집중하여 판단하였고, 그것을 장황하게 설명하길 좋아했습니다. 그 친구와 함께 있다 보면, 이 세상은 참으로 불공평하고 모순 투성이인 어두운 공간처럼 느껴졌습니다.

신기한 것은 그 친구의 삶도 점점 어두워졌다는 것입니다. 매번 취업에 실패했고, 겨우 들어간 직장에서도 오래 견디지 못했습니다. 늘 누군가와 불화가 생겼고, 마음에 응어리가 맺힐 만한 사건이 줄이어 발생했습니다. 그 친구의 생각처럼 세상은 그에게 불공평했고, 그럴수록 친구의 마음은 더욱 굳게 닫혀졌습니다. 결국 더 많은 시간을 세상을 욕하고 원망하는 것에 할애하게 되었습니다.

당신이 뿜어낸 공기를, 당신이 다시 들이 마시고 있습니다.

만약 바탕 에너지가 부정적이고 어둡다면, 우리는 그 에너지 속에서 마음 편하거나 밝게 웃기 힘듭니다. 매사 부정적인 선택과 판단이 자연스럽게 늘어날 것이고, 더불어 표정도 점점 어두워질 것입니다.

지금 현실이 힘든 상황인가요? 그 힘든 상황에 부정적인 에너지까지 보태면 더 깊은 어두움에 빠지고 맙니다. 그것은 절망적인 악순환입니다.


반대로 밝고 긍정적인 환경에 속한 사람은, 늘 자신감이 넘치고 긍정적인 선택과 판단을 합니다. 좋은 환경에, 좋은 에너지를 보탭니다. 그것을 시너지라고 합니다.

우리는 모든 것에 감사하고 선하고 긍정적인 에너지를 보태, 더욱 성장해야 합니다. 그렇게 바탕 에너지와 나는 서로 에너지를 주고받으며 지대한 영향력을 행사하고 있습니다.

만약 끝도 없이 걱정할 일, 힘든 일, 풀리지 않는 일이 연속적으로 발생한다면 부정적인 바탕 에너지가 점점 내 세상을 덮어버렸기 때문입니다. 이런 경우엔 빨리 '에너지 전환'을 해야 합니다. 기분 전환, 태세 전환, 마음 전환을 통해 에너지를 빠르게 변화시켜야 합니다.

이미 짙게 물들어버린 바탕 에너지에 함께 매몰되어선 안 됩니다. 정신을 차리고 그 분위기에서 빠져나오려 노력해야 합니다.

지금 형편이 어렵다고해서 바탕 에너지까지 오염시키는 일은 없어야 합니다. 그 환경에서 숨을 쉬고 있는 나와 가족을 위해서라도 바탕 에너지는 사랑과 평안으로 채워야 합니다. 그것이 통장잔고보다 더 중요한 요소입니다.


대부분 화목한 가정의 아이들이 구김살 없이 잘 자라는 이유는, 긍정적인 바탕 에너지 속에서 긍정적인 에너지를 먹으며 자랐기 때문입니다. 사랑을 받은 아이는 사랑을 줄 수 있는 아이로 성장합니다.

사랑을 주는 아이는 자신의 에너지에 사랑을 채움으로써, 궁극적으로는 긍정적인 바탕 에너지 속에서 행복하게 살 수 있습니다.


하지만 어쩔 수 없는 경우도 있습니다. 내가 있는 가정, 내가 소속된 회사, 내가 다니는 학교의 바탕 에너지가 너무 부정적이고 어두워 끝없이 고통 받는 경우가 그렇습니다. 환경을 바꾸기란 쉽지 않기에 이런 경우는 대단한 결단력이 필요합니다.

그러므로 선택을 해야 합니다. 그곳을 빠져 나올 수 있다면 결단을 내리고, 그것이 불가능하다면 바탕 에너지와 완전별개로 존재해야 합니다. 그 분위기와 에너지에 함몰되어 함께 늪으로 빠져들지 말고, 나의 에너지는 독립적인 외딴섬으로 유지하십시오.

때론 무심하게, 혹은 여우처럼 그 에너지와 섞이지 않도록 관계를 조율하십시오. 그래야 살 수 있습니다.

> 삶이 꼬이고 버거운 이유는 걱정이 걱정을 부르기 때문입니다. 나의 환경과 조건을 불평하고, 삶을 원망하는데 시간을 허비하면 안 됩니다. 그런 것에 마음을 빼앗기고 있을 수 없습니다. 불행의 고리를 과감하게 끊고 새롭게 나아가야 합니다.

여러분의 에너지는 스스로 지켜야 합니다. 내 에너지를 지키지 못하면, 불편하고 어려운 현실을 끝없이 창조하게 되고, 걱정 근심을 달고 살게 됩니다. 그래서 끝없이 불편하고 어려운 일들이 계속 꼬리를 물고 발생합니다. 그런 어려운 현실은 우리를 더욱 지치고 힘들게 만들어 버립니다.

우리는 끝없이 환경을 탓하지만, 그것은 사실이 아닙니다. 내 에너지에도 문제가 있기 때문입니다. 그런 일들이 발생할 수밖에 없는 환경을 조성한 것은 나의 책임이기도 합니다.

현재 나의 환경과 조건을 불평하고, 삶을 원망하는데 시간을 허비하면 안 됩니다. 우리의 삶은 너무 소중하기 때문에 그런 것에 마음을 빼앗기고 있을 수 없습니다. 불행의 고리를 과감하게 끊고 새롭게 나아가야 합니다. 환경을 바꾸던, 생각을 바꾸던, 마음가짐을 바꾸어 에너지의 전환을 시도해야 합니다.

# 06

# 성장통을 겪어야 성장한다

살다보면 이런저런 일들을 겪게 됩니다. 나에게 좋은 일만 일어났으면 하는 바람이 있지만 세상은 그렇게 호의적이지만은 않습니다. 하지만 그것도 다 이유가 있습니다.

점을 찍고 나아가는 인생이라는 좌표들은 나름의 목적을 가지고 나를 찾아옵니다. 그 좌표들이 있기에 우리의 삶은 각자의 트랙을 타고 인생이라는 여정을 즐기게 됩니다. 그 좌표들은 때론 행운으로 때론 불행으로 다가옵니다.

우리는 행운은 '얻었다'라고 표현하지만, 불행은 '당했다'라고 표현합니다. 삶의 풍파는 아무 준비 없이 나를 덮치기 때문입니다.

  하지만 좋은 일이든 나쁜 일이든 뭐든지 나름의 의미와 의도를 가지고 나를 찾아옵니다. 안 좋은 일이 생기면 세상을 원망하고 남 탓을 하지만, 이젠 그럴 필요가 없습니다. 모든 일은 우리가 받아들이고 책임져야 하는 숙제입니다. 그리고 지금은 좋지 않은 일도 나중에는 그 일이 나에게 도움이 되고 꼭 필요했던 일이었음을 깨닫게 되는 일도 많습니다.

  그렇다면 불행은 어떤 의미를 안고 나를 찾아올까요?

  첫 번째는 우주의 의도입니다.

  파울로 코엘료의 《연금술사》에는 아주 유명한 문구가 있습니다.

  "자네가 무언가를 간절히 원하면 온 우주가 그 소망이 이루어지도록 도울 걸세."

주인공인 산티아고는 이 말만 믿고, 모든 것을 다 포기하고 꿈을 찾아 긴 여정을 떠납니다. 인생을 건 모험이었습니다. 하지만 출발한 첫째 날 사기를 맞아 전재산을 잃고 맙니다. 산티아고는 그야말로 망연자실하게 됩니다. 온 우주가 도와

> 성장통을 겪어야 성장할 수 있습니다. 고난을 극복하면서 그 과정을 통해 성숙한 사람으로 성장하는 것입니다. 결국 시련과 아픔은 좋은 길로 가기 위한 하나의 과정이고, 잘되기 위한 도구일 뿐입니다.

준다는 말만 믿고 떠난 길인데 첫째 날부터 재앙을 만나니 그럴 수밖에요.

하지만 이야기가 진행될수록 이야기는 반전됩니다. 알거지가 된 산티아고는 모든 욕망을 내려놓고 고향으로 돌아갈 차비라도 마련하기 위해 작은 크리스탈 가게에 취직을 합니다. 산티아고가 정성으로 가게일을 돌본 덕에 가게는 점점 장사가 잘되고, 산티아고의 주머니도 넉넉해집니다. 그뿐만 아니라 장사를 하며 알게 된 사람들이 꿈의 목적지인 피라미드에 가는 방법을 알려줍니다.

알거지가 된 것은 절망적인 일이었지만 1년이 지난 후 뒤돌아보니 산티아고는 더욱 현명해져 있었고, 피라미드까지 가는 방법을 알게 되었고, 주머니 또한 처음 가져온 여비보다 두세 배가 늘어나 넉넉해졌습니다. 이렇게 되기까지 1년이라는 시간과 약간의

마음고생이 필요했을 뿐입니다. 모든 것은 잘된 일이었습니다.

우주는 우리가 소망하는 목적지로 이끌어 주기 위한 설계도를 가지고 있습니다. 최종 목적지를 알기에, 중간에 어떤 길로 향해야 하는지도 알고 있으며 그 길로 인도해 줍니다. 그 곳으로 향하는 길은 직진만 있지 않습니다. 돌아가야 하는 길도 있고 방향을 바꿔야 하는 길도 있습니다.

그래서 때론 방향을 바꿔야 할 필요가 있는 경우엔 '전환점'을 마련해 주고, 험한 길을 지나쳐야 한다면 '시련'을 주기도 합니다. 저는 그것을 '인생의 덜컥거림'이라고 표현하고 싶습니다.


급하게 인생의 노선을 선회해야 할 때쯤 우리는 인생의 덜컥거림을 맞이하게 됩니다. 달리던 기차도 선로를 변경하려면 약간의 덜컥거림을 거쳐야 합니다. 이 순간을 지나쳐가야만 삶의 전환점을 맞이하고 최종 목적지로 향할 수 있습니다.

인생의 덜컥거림은 인생의 '터닝포인트'라고 말하기도 합니다. 이런 현상은 위기처럼 다가옵니다. 위험천만한 위기는 우리 인생 트랙을 다른 방향으로 극적으로 선회하게 만들기도 하는데, 이것은 하늘의 벌이 아닌 선물입니다.

성장은 아픔 속에서 이루어집니다. 성장통을 겪어야 성장할 수 있습니다. 고난을 극복하면서 그 과정을 통해 성숙한 사람으로 성장하는 것입니다. 결국 시련과 아픔은 좋은 길로 가기 위한 하나의 과정이고, 잘되기 위한 도구일 뿐입니다.

두 번째는 에너지의 변화입니다.

앞장에서도 설명했듯 불행한 일이 반복적이고 지속적으로 생기는 것은 부정적인 에너지의 창조물입니다. 나의 생각과 바탕 에너지가 만들어내는 창조물로써 고통스러운 상황이 계속됩니다. 이 억울하고 답답한 상황은 우리가 생각을 멈추거나 바꾸지 않는 한 계속됩니다.

우리가 걱정을 하면 할수록 걱정할 일이 늘어납니다. 인생은 고통스러운 것이라 믿고 있으면, 정말 여러 방식의 고통이 끊임없이 찾아옵니다. 그러면 내 삶은 즐기는 삶이 아닌 버티는 삶이 되어 버립니다. 세상은 바라는 대로 펼쳐지는 것이 아니라, 내가 믿는 대로 펼쳐지기 때문입니다.

내가 내보내는 모든 에너지는 저 멀리 날아갔다가도 언젠가 다시 나에게로 돌아옵니다. 하지만 부메랑이 되어 나에게 다시 돌아올 땐, 비슷한 에너지를 더 모아서 강하게 찾아옵니다.

'베풀면 두 배가 되어 돌아온다'는 말은 선행만을 이야기하는 것이 아닙니다. 부정적인 말과 행동, 생각도 마찬가지입니다. 그것은 나의 세상이 되어 돌아옵니다.

굳이 탓을 하자면 모든 것은 바로 나의 탓입니다. 더 정확하게 말하자면 나의 초라한 생각이 만들어낸 것이죠.

주위를 둘러보면 남 탓을 하지 않는 사람들이 잘 먹고 잘 사는 것을 알 수 있습니다. 그들은 오로지 자신에게 집중합니다. 스스로 깨닫고 성장하는데 에너지를 집중하느라, 굳이 불행의 원인을 색출하여 비난하는 데 시간을 허비하지 않습니다.

그들은 삶을 오로지 자신들의 몫으로 생각하고 책임을 지려 합니다. 우리는 '마음'과 '생각'에 대한 책임도 져야 합니다. 이 책임감에 동의한다면, 힘들지만 꼬인 실타래를 조금씩 풀어나갈 수 있을 거라 생각합니다.

불행의 두 가지 속성을 빠르게 이해해야 합니다. 하나는 내 인생의 전환점을 위해 필요한 위기이지만, 하나는 그저 내가 만들어내는 실체없는 위기이기도 합니다.

첫 번째 상황이라면 그 문제를 겸허한 마음으로 풀고 고통을 인내하며 그 속에서 깨달음을 얻어야 합니다. 저항하지 말고 그냥 묵묵히 문제를 풀고 이겨내야 합니다. 그러면 반전의 기회가 올 것입니다.

하지만 두 번째 상황이라면 내가 그 세상을 창조했음을 인정해야 합니다. 그리고 연속적인 불행을 막고 그 터널에서 빠져나오려면 빨리 에너지를 바꿔야 합니다. 에너지가 바뀌지 않는다면 세상도 변하지 않습니다.


우리는 아프고 고통스러운 것에 대한 두려움을 안고 있습니다. 하지만 위기와 고통을 겸허하게 받아들이면 두려움은 사라집니다. 그리고 나를 할퀴던 고통은 나의 마음의 근육을 튼튼하게 해줄 것입니다.

# 07

## 마음이 아프면 치료해야 한다

저는 몸이 아프면 몸이 보내는 신호를 읽습니다. 몸이 축축 늘어지고, 오슬오슬 춥기까지 하다면 과감하게 하루 이틀 동안은 무리하지 않고 쉽니다. 더 많이 아프면 정신적, 육체적, 업무적으로 더 큰 손해가 발생하기에 그냥 하루 이틀 정도는 휴식을 취합니다.

몸을 따뜻하게 하고, 뜨거운 차도 마시고, 비타민도 먹고, 밥도 영양가 있게 잘 챙겨 먹으려 노력합니다. 그러면 대부분의 경미한 몸살, 감기쯤은 자연스럽게 지나갑니다.

이렇게 우리는 몸이 아프면 몸을 쉬게 하고 돌봐줍니다. 혼자 치유하기 힘들면 병원에 가서 치료도 받습니다. 계속 아프지 않기 위해 정성과 돈과 시간을 투자하는 건 당연합니다.

하지만 마음이 아프면 어떻게 할까요?

처음엔 마음이 아파도 잘 눈치 채지 못합니다. 그래서 그냥 무시하게 됩니다. 하지만 더 심각하게 마음이 고통을 호소하면 당황스럽기 그지없습니다. 몸을 고쳐주는 병원은 있는데, 마음을 고쳐주는 마음병원은 없으니 말입니다.

어떻게든 아픈 마음을 치료하고 위로받고 싶지만 그 방법을 모르고 있습니다. 마음 치료는 에너지의 치유 작업이기 때문입니다. 힐링을 위한 여행을 떠나도, 좋은 글을 찾아 이런 저런 책을 읽어보아도 그건 일시적인 위로만 남길 뿐 근본적인 해결은 되지 않습니다.

더 고통스러운 것은 왜 마음이 아픈지 모를 때입니다. 그냥 마음이 '힘들다', '고통스럽다' 라고만 알고 있지 왜 고통스러운지, 어떻게 고통에서 벗어나야 하는지 모릅니다. 몸이 아플 때와는 확연히 다른 상황에 처하게 되는 것입니다. 진단도 내릴 수 없고 진료도 할 수 없습니다.

그래서 때론 심각한 문제로 악화되기도 합니다. 마음이 병들어감은 여러 문제를 일으킵니다. 불면증, 우울증, 불안장애, 공황장애 등의 정서적 장애로 개인의 삶을 매우 무기력하고 힘들게 합니다.


하지만 더 이상 이렇게는 안 됩니다. 이제는 정말 스스로 마음을 챙겨야 하는 시대가 된 것입니다. 여러분은 스스로 마음을 돌봐주는 셀프 병원이 되어야 합니다.

지금 우리가 살고 있는 자본주의 사회는 개개인의 마음 따위는 그리 깊게 고려하지 않습니다. 자본이 우선이기 때문입니다. 즉 국가와 사회는 개개인의 마음건강은 챙겨주지 않습니다.

오히려 마음의 아픔을 연약함이나 게으름, 혹은 투정이라 생각합니다. 낙오자로 보이고 싶지 않은 우리는 계속 괜찮은 척하며 고된 하루를 반복합니다.

하지만 더 이상 마음의 아픔을 덮어두기만 해서는 안 됩니다. 마음의 아픔을 창피해 하거나, 나약해서 그렇다고 자책해서도 안 됩니다. 아프면 치료를 해야 합니다.

첫째, 마음 인정해 주기

마음을 치료하기 위해 가장 먼저 해야 할 것은, 마음을 인정해 주는 것입니다. 마음이 아프면 내가 아프다는 것을 인정해 주어야 합니다.

만약 어린 아이가 배가 아파서 엄마한테 칭얼거리는데 엄마가 "너는 강한 아이야", "그까짓 게 뭐가 아프다고 그래?"라고 이야기한다고 생각해 보세요. 그 아이는 얼마나 서럽고 힘들까요? 그런 엄마가 어딨냐고 생각하는 분도 계실 것입니다. 그런데 그 모습은 바로 우리의 모습입니다. 자신의 마음이 아플 때 "그까짓 게 뭐가 아프다고 그래?"하고 자기 자신에게 말하고 있습니다.

사실 아이가 바라는 것은 대단한 것이 아닙니다.

"우리 아가 아파서 어떡하니? 이리와! 엄마가 배 문질러줄게. 엄마 손이 약손이야."

걱정스럽게 바라봐주고, 아이 배를 몇 번 문질러 주기만 해도 아이는 다 나은 것처럼 편안해 합니다. 정말 엄마 손이 약손이었을까요? 아닙니다. 그저 위로와 공감의 에너지가 엄마 손을 통해 전해졌기 때문에 아픔이 조금 가라앉은 것처럼 느끼는 것입니다.

이렇게 가장 우선시 되어야 하는 것은 아픈 아이를 위로하며 안아주는 것입니다. 괜찮지 않은 상황을 인정하는 것입니다.

우리 마음에게도 '아프구나!'라고 인정해 주고, '어디 보자! 어디가 아프지?'라며 쓰다듬어 주어야 합니다. 그런데 우리는 그 일을 하지 못하고 있습니다. 매 순간 아프다는 마음을 향해 '아니야. 너는 강한 아이야', '뭐가 아프다고 그래?'라며 외면하고 채찍질을 해대고 있습니다.

어쩌면 우리는 아프고 힘들다는 것을 인정하면 내가 약한 존재, 초라한 존재가 될까봐 두려워서 인정하고 싶지 않은 것일 수도 있습니다. 하지만 아프다는 것을 인정해야 합니다.

"그래. 마음 아픈 게 당연하지. 다른 사람 같았으면 벌써 병이 났을 거야. 지금까지 참고 견딘 네가 대단한 거야. 다른 건 생각하지 말고 마음 가는대로 하고 싶은 대로 하는 것도 좋아. 넌 그럴 자격이 충분해. 이리와. 내가 쓰다듬어 줄게."

자신에게 이렇게 말해 주세요. 어색하고 쑥스럽겠지만 인정할 건 인정해야 합니다. 연습을 해서라도 아픈 나에게 이렇게 이야기해 주어야 합니다.

"나는 아무 문제 없어요!"라고 말하고 싶으신가요? 하지만 여러분은 생각보다 많이 지쳐 있을 것이고 그리 행복하다고 느끼지 않을 것입니다. 우리나라 국민의 행복지수를 보면 알 수 있습니다. 우리나라 국민 대부분이 행복하지 않다고 말합니다. 또한 행복하냐는 물음에 "사는 게 다 그렇지 뭐"라고 답하기도 합니다.

행복하고 싶다면 마음의 건강을 체크하고 아프다면 아프다는 것을 인정해 주십시오. 마음은 자신의 상태를 알아봐준다는 것만으로도 안정감을 느끼고 위로받는다는 안도와 기쁨을 느낄 것입니다. 그때 마음은 치료를 받고 희망을 얻습니다.


둘째, 마음의 휴식


두 번째 단계는 마음을 쉬게 해주는 것입니다. 당장 마음이 아픈 원인을 찾아 바로잡으려는 노력을 기울이고 싶겠지만, 그보다 급한 것은 마음의 휴식입니다. 왜 마음이 아프고 힘든지는 나중에 알아도 됩니다. 그리고 그것은 생각보다 아주 어려운 작업입니다. 왜냐하면 마음은 사람의 언어로 이야기하지 못하기 때문입니다.

마음의 신호는 보통 느낌과 감정으로 전달이 됩니다. 하지만 이것은 영혼의 언어입니다. 영혼의 언어를 잘 읽으려면 맑고 순수한 영과, 내 내면을 진지하게 들여다보는 정성이 필요합니다. 그런 노력이 없다면 영혼의 언어는, 세상의 자극적인 정보 속에 파묻히기 십상입니다.

오랜 시간 동안 방치하다, 어느 날 다치고 상처받아 돌아온 마음을 어디서 어떻게 다쳤냐며 다그친다면 큰일입니다.

우리가 착각하는 것이 있습니다. 상처에 연고를 바르듯 마음도 한 번 쉬고 나면 금방 나을 것이라 생각하는 것입니다. 그러나 누군가의 조언 한 마디, 책의 한 구절, 잠깐의 힐링타임을 갖는다고 해서 금방 치유되는 것이 아닙니다. 그건 진통제 역할만 할뿐 치료제가 될 순 없습니다.

당장 무엇인가를 하려고 하지 마십시오. 아픈 아이에게 가장 필요한 것은 휴식입니다. 아픈 아이를 데려다가 건강해지라며 운동을 시킬 수는 없습니다. 움직이는 것조차 힘든 아이는 그냥 침대에 눕힌 다음 쉬게 하는 것이 먼저입니다.

마음을 쉬게 하는 방법은 긴장을 풀고, 마음이 시끄럽거나 혼란스럽지 않게 생각을 멈추는 것을 말합니다. 이런저런 생각을 멈추면 마음도 조금 쉴 수 있습니다.

그냥 가만히 존재하십시오. 바람이 불면 바람을 느끼고, 음악이 흘러나오면 그냥 조용히 아름다운 선율에 귀를 맡기십시오. 눈을 감고 바깥 세상의 소리를 듣지 말고 판단하는 것도 하지 마십시오. 마음이 이리저리 휘둘리지 않게 나의 모든 감각과 생각을 쉬게 하고 마음도 편안히 가지십시오.

이런저런 생각으로 마음을 혼란스럽게 하지 말고, 일단 멈춰야 합니다. 매일 반복되는 일상 속에 충분한 여유를 허락해야 효과가 큽니다. 그냥 있는 그대로 모두 지켜봅니다. 나의 집, 나의 자녀, 나의 친구, 나의 일, 나의 상황을 그냥 그대로 지켜봅니다.

무엇이 부족하다고 하더라도 그냥 그대로 두고, 뭘 더 하려고 애쓰지도 마십시오. 그냥 가만히 있으면 됩니다. 어떤 판단도 의지도 열정도 아쉬움도 집착도 슬픔도 느끼지 않을 만큼 가만히 모든 것을 내려놓으십시오. 나에게 이런 여유를 허락하여 오로

> 더 이상 마음의 아픔을 덮어두기만 해서는 안 됩니다. 마음의 아픔을 창피해 하거나, 나약해서 그렇다고 자책해서도 안 됩니다. 아프면 치료를 해야 합니다.

지 쉼표로만 그 시간을 활용하십시오.

며칠 혹은 몇 달 동안 충분한 휴식을 취하는 것이 가장 좋습니다. 하지만 그럴 여유가 없다면 하루에 한 시간이라도 나에게 쉼을 허락해야 합니다.

휴식은 모두에게 필요합니다. 몸도 쉬어야 하고 마음도 쉬어야 하고 생각도 쉬어야 합니다. 생각이 바빠지면 또 마음은 시끄러운 일에 휘둘려 일을 해야 합니다. 마음이 시끄러워서는 제대로 된 휴식을 취할 수 없습니다.

마음이 일을 시작하면 또다시 혼란스러움 속에서 중심을 잡지 못하게 됩니다. 더군다나 상처난 마음은 제대로 일을 처리하지도 못합니다. 우리를 계속 아프고 바쁘게 할 것입니다.

인정하고 휴식하십시오.

누군가는 당장 치유를 하겠다고 또 바쁘게 책을 읽고 강의를 듣고 여기저기 찾아다니며 좋다는 방법으로 억지로 마음에게 약을 발라줍니다. 그런데 그거 아시나요? 어떻게 난 상처인지도 모르는데 아무 약이나 바른다고 효과가 있을까요?

피부에 바르는 연고의 종류도 몇 백 가지가 넘습니다. 그런데 마음은 오죽할까요? 마음은 무한대의 경우의 수를 갖고 있습니다. 어떤 상처인지도 모르면서 약을 바르는 것이 무슨 소용이 있을까요? 그래서 우리가 했던 모든 노력은 약간의 진통 효과만 있을 뿐, 원인은 해결되지 않는 것입니다.

먼저 마음의 여유와 공간을 마련해야 합니다. 마음에 틈이 생겨야, 지혜의 샘물이 솟아 오릅니다.


저는 마음의 틈이 하나도 없으면서 세상의 비밀을 안다고 말하는 사람을 많이 봤습니다. 하지만 마음 속 공간이 없다는 것은 수많은 마음 속 소용돌이가 너무 촘촘하게 있다는 뜻입니다. 넓은 마음과 너그러움은 그냥 생기는 것이 아닙니다.

반드시 기억하기 바랍니다. 치유 중 가장 강력한 치유법은 '자연치유'입니다.

# 08

현실을 바꾸고 싶나요?

"인간에겐 무한한 힘이 존재하며, 이 힘은 영적 능력을 통해 세상에 발현된다."

이 말이 이해가 되십니까? 아니 이 말을 믿을 수 있으신가요? 사실 마음공부의 시작은 이 가정을 인정하느냐 안하느냐의 출발선에서 시작되어야 합니다. 마음의 힘에 대한 존재 여부를 말이죠.

진실을 말씀드리면 이미 마음은, 그 힘을 발휘하고 있습니다.

지금도 긍정적인 세상이든 부정적인 세상이든 '나의 마음'이 '나의 세상'을 창조하고 있는 중입니다.

그래서 개개인의 마음 상태가 무엇보다 중요합니다. 마음이 맑고 건강하다면 행복하고 감사한 일, 점점 좋아지는 일들이 펼쳐지고, 마음이 혼탁하고 상처 투성이라면 혼란스럽고 고통스러운 상황이 펼쳐지게 됩니다. 이것을 보통 '끌어당김의 법칙'이라고 합니다.

우리가 마음공부를 하기 위해선, 이 세계를 인정해야 합니다. 그 힘을 인정하지 않는다면 앞으로의 공부는 모두 무의미합니다.

영혼, 생각, 마음, 에너지, 빛은 눈에 보이지 않습니다. 그래서 물리적인 증명이 힘듭니다. 그러나 실제로 생각과 마음과 영혼의 힘은 대단한 폭발력을 가지고 있습니다. 따라서 마음을 공부한다는 것은 한마디로, 눈에 보이지 않는 그러나 분명히 존재하는 '힘'과, 힘이 작용하는 패턴인 '법칙'을 공부하는 것입니다.

"반복적인 생각이나 관념, 믿음이 내 인생에 지대한 영향력을 발휘하고 있고, 그것이 바로 법칙으로 작용한다."

즉 삶은 뿌린 만큼 거두는 '인과응보'란 패턴으로 드러나는 것입니다. 어떤 마음을 가지고, 어떤 생각을 하느냐, 어떤 행동을 하느냐에 따라서 세상은 법칙대로 움직여 반응합니다. 따라서 무엇인가 '입력값'이 들어가면 우주 프로그램은 정확한 '결과값'을 출력해서 우리에게 보여줍니다.

세상을 바꾸고 싶다면 입력값을 수정해야 합니다. 그 입력작업은 생각, 관념, 믿음 체계, 마음이 하는 일입니다. 그래서 '세상은 마음먹기 나름'이란 말이 있는 것입니다. 입력값으로 인해 우리의 인생은 내가 생각하고 느끼는 대로 계속 펼쳐집니다. 어떤 패턴대로….

이 사실을 알게 된 저는 지금까지와는 다른 정보를 입력하려 노력했습니다. 하지만 놀라운 사실을 하나 깨닫게 되었습니다. 내가 인식하지 않으면, 원래 자주 입력하던 부정적인 정보를 나도 모르게 입력한다는 것입니다. 결국 나의 의식적인 생각을 일시적으로 주입하는 것이 아니라, 무의식적인 생각을 바꿔야 합니다. 그러려면 기존 데이터에 대한 '정화작업'이 반드시 필요합니다. 나에 대한 정화를 해야 합니다.

삶은 좌절과 시련만이 난무하는 링 위의 혈투가 아닙니다. 물론 이런 일, 저런 일이 있지만, 적어도 삶은 충만하고 기쁨에 차 있어야 한다는 게 저의 새로운 인생론입니다. 그리고 누구나 인생을 즐길 자격이 있습니다. 그러니 여러분도 이제라도 잠시 멈추십시오.

객관적인 시선으로 인생을 지켜보십시오. 어떠한 느낌도 감정도 없이 영화관의 관객처럼, 삶을 가만히 들여다보세요. 무엇이 느껴지나요?

멈추어야 보입니다. 내가 어떤 상태인지. 내 눈앞엔 어떤 세상이 펼쳐지고 있는지. 어떤 생각을 하며 지내는지….

마음의 힘을 인정하기 어렵다면, 이것만이라도 이해해야 합니다. 지금 보이는 세상은 스스로가 입력한 정보들의 결과값입니다.

> 세상을 바꾸고 싶다면 입력값을 수정해야 합니다. 입력값으로 인해 우리의 인생은 내가 생각하고 느끼는 대로 계속 펼쳐집니다. 지금 보이는 세상은 스스로가 입력한 정보들의 결과값입니다.

# 09

## 오프라 윈프리는 알고 있다

오프라 윈프리는 미국 역사상 지대한 영향을 끼친 인물 중 한 명입니다. 2018년 세계에서 가장 부유한 사람들 500명을 모은 블룸버그 억만장자 지수에서 494위를 차지했고 4조 원을 훌쩍 넘는 재산을 보유중인 것으로 알려졌습니다.

오프라 윈프리의 순위가 큰 의미를 차지하는 이유는 세계 최초의 흑인 여성 사업가이기 때문입니다. 오프라 윈프리는 오랜 편견과 차별을 이겨내고 전 세계에서 가장 영향력 있는 인물로 선정됨은 물론 미국 대선후보로 거론될 정도로 강력한 영향력을 갖고 있습니다.

그녀의 위대한 업적을 거론하려는 것이 아닙니다. 그보다 그녀의 행보에 집중하고 싶습니다. 최근 오프라 윈프리는 자신이 제작하는 프로그램에 세계적인 영적 스승인 에크하르트 톨레, 마이클 A. 싱어, 틱낫한 스님 등을 초대하고 그들의 이야기를 집중 조명했습니다. 특히 그녀의 멘토이자 《마음의 기적》의 저자 디팩 초프라가 명상, 마음수련에 대한 캠페인을 진행한 것을 소개하여 세계적인 주목을 끌었습니다.

오프라 윈프리는 내적 세계에 집중하고 있습니다. 물론 최근만의 일은 아닙니다. 10년 전 끌어당김의 법칙을 설명한 론다 번의 《시크릿》이란 책이 전무후무한 기록으로 베스트셀러가 될 수 있었던 것도 오프라 윈프리의 소개 덕분이었습니다.

그렇다면 오프라 윈프리는 왜 내적 세계에 대해 지속적으로 관심을 보이고 있을까요?

이 세상은 내적 세계와 외적 세계가 존재합니다. 그리고 내적 세계는 원인의 세계요, 외적 세계는 결과의 세상 즉 현실입니다. 바로 모든 원인과 근본은 내적인 세계에서 나오는 것입니다. 그래서 우리가 내부로 들어가야만 원인을 알 수 있는 것입니다.

내적 세계는 마음의 세계이기도 합니다. 오프라 윈프리는 누구보다도 마음 세계에 대한 강력한 신념을 갖고 있는 인물입니다. 왜냐하면 본인 스스로 힘든 상황을 극복할 수 있었던 가장 큰 버팀목이 '마음의 힘'이었기에, 우주와 마음의 법칙에 대해 누구보다도 깊은 통찰을 갖고 있습니다.

우리도 마음이라는 내적 세계를 깊이 탐구해야 합니다. 미국에선 각종 명상, 요가, 기도, 수행 등을 조직적으로 수행하는 단체가 급속히 늘고 있습니다. 유튜브에도 전 세계 수행자들이 올린 요가, 명상, 암시, 최면, 힐링, 내면 치유의 콘텐츠가 넘쳐나게 업데이트 되고 있습니다.

사람들이 마음 세계에 관심을 가지는 것은 어쩌면 자연스러운 현상일 수 있습니다. 그리고 오프라 윈프리도 사람들의 니즈를 충분히 인식하고 있고, 본인 스스로도 평화를 찾는 이상적인 해결책이 마음 세계에 있다는 것을 알고 있습니다. 그녀가 회사 직원들과 함께 단체 명상을 하고, 영성 관련 컨텐츠를 지속적으로 제작하는 이유가 그것입니다.

그렇다면 왜 사람들은 점점 마음공부에 관심을 두기 시작할까요?

그것은 마음의 병을 치료할 길이 마음 공부밖에 없음을 깨달았기 때문입니다. 즉 내적인 문제를 내적인 것으로 해결하려는 움직임입니다. 마음의 갈등, 우울, 자괴, 불안장애 등 우리를 파멸로 이끄는 부정적 감정들은 외부의 물질적인 것으로는 해결되지 않습니다. 병에 걸리면 치료를 해야 낫는 것이지, 고급 장식품을 품에 안긴다고 해서 낫는 것이 아닙니다.

> 병들고 다친 마음을 가지고는, 기쁨과 평화와 행복을 누릴 수 없습니다. 자본주의는 끝까지 만족을 모르는 삶으로 우리를 내몰고 있습니다. 그것이 우리가 행복하지 않은 이유입니다. 행복의 비밀은 마음에 있습니다.

또한 병든 사회는 발전을 이루기 힘듭니다. 성장 동력에 필요한 에너지가 부족하기 때문입니다. 그래서 힐링이 중요한 테마로 떠오른 지 오래입니다.

에너지의 긍정적인 전환, 마음 치유의 중요성이 문화로 떠오른 지금 세계인은 점점 마음의 세계에 눈을 돌리고 있으며, 이는 선택이 아닌 필수임을 깨닫게 될 것입니다. 병들고 다친 마음을 가지고는, 기쁨과 평화와 행복을 누릴 수 없습니다.

자본주의는 끝까지 만족을 모르는 삶으로 우리를 내몰고 있습니다. 그것이 우리가 행복하지 않은 이유입니다. 행복의 비밀은 마음에 있습니다.

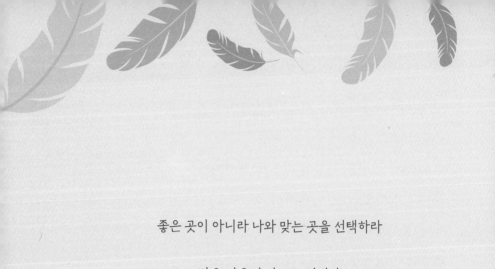

좋은 곳이 아니라 나와 맞는 곳을 선택하라

삶은 마음이 만드는 것이다

창조는 이렇게 이루어진다

현실은 우리가 믿고 있는 세상이다

부자가 되고 싶다는 말, 그것을 믿지 않는 마음

벌 받는 것처럼 살지 말아요

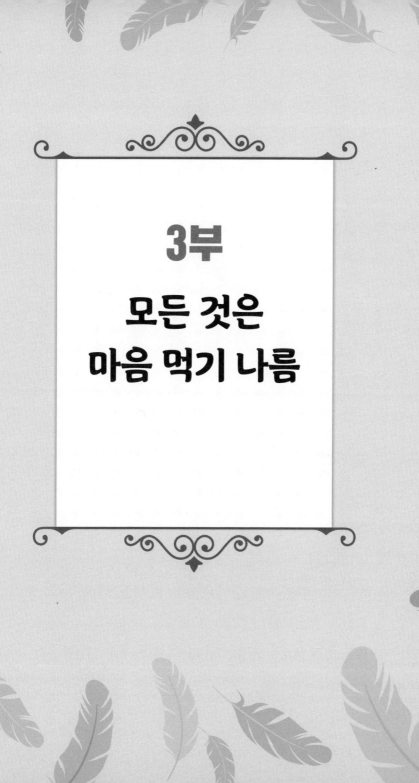

# 3부

# 모든 것은
# 마음 먹기 나름

행복한 사람은 특별한 환경 속에 있는 사람이 아니라

어떤 특별한 마음 자세를 갖고 살아가는 사람이다.

– 휴다운즈

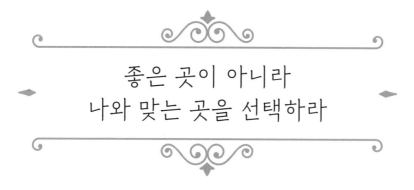

# 10

## 좋은 곳이 아니라
## 나와 맞는 곳을 선택하라

저의 친언니에겐 아들이 둘 있습니다. 그 중 둘째아들은 엄마 껌딱지라고 불릴 정도로 엄마한테서 떨어지는 것을 싫어하고, 늘 품에 안겨 있기를 좋아합니다.

어느 날 저희 언니는 이사하고 싶던 집의 계약이 불발되어 매우 실망한 상태로 거실에 앉아 있었다고 합니다. 우울하고 속상한 마음에 소파에 털썩 앉아 있었는데, 둘째 꼬맹이가 엄마에게 다가왔다고 합니다.

조심스레 엄마 얼굴을 살피던 둘째는 엄마에게 폭 안기며 이렇게 소곤거렸습니다.

"엄마. 너무 슬퍼하지 마! 엄마가 좋아하는 집이 또 있을 거야!"

어린 아들에게 아무 말도 하지 않았는데, 일곱 살짜리 아이는 눈치로 엄마의 마음을 알고, 느낌으로 그 슬픈 에너지를 읽었습니다. 늘 엄마 품에 안겨 있어서 그랬는지, 엄마의 에너지를 정확하게 읽은 작은 아이가 이렇게 엄마를 위로해 줍니다.

특히 아이들은 엄마의 에너지에 예민합니다. 엄마가 웃으면 함께 웃고, 엄마가 찡그리면 아이들의 얼굴도 어두워집니다. 자신을 위로하는 작은 아이를 보며 언니는 대견스럽기도 하지만 왠지 안쓰럽고 고마워서 눈물이 났다고 합니다.

어떻게 에너지를 읽을 수 있을까요? 바로 '기', 혹은 '에너지'를 가지고 있기 때문입니다. 그래서 우리는 타인의 기를 느낄 수 있습니다.

분명 처음 만나 그 사람에 대해 잘 모르는데도 압도됨을 느끼기도 하고, 만만함을 느끼기도 합니다. 친절하고 상냥한 누군가를 만나면, 그 사람의 얼굴만 봐도 마음이 따뜻해지고 편해짐을 느낍니다. 반대로 사나운 인상의 사람을 만나면 불편하고 불안해져 빨리 자리를 피하고 싶기도 합니다.

긍정적인 에너지를 가진 사람에겐 밝음과 열정적인 힘이 느껴지고, 부정적인 에너지를 가진 사람에겐 불편함과 불안정함이 느껴집니다. 두려움의 에너지를 가진 사람에겐 자신감이 없고 위축된 눈빛이 느껴지고, 용기의 에너지를 가진 사람에겐 도전과 열정 가득한 적극적인 눈빛이 느껴집니다.

상대가 강단 있는 사람인지, 연약한 사람인지, 난폭한 사람인지, 온화한 사람인지, 고약한 사람인지, 착한 사람인지 느낌으로 알 수 있습니다. 그건 바로 사람에겐 '기' 혹은 '에너지'가 나오기 때문입니다. 이 에너지를 느낌으로 감지하면서, 상대가 어떤 사람인지 대충 파악할 수 있습니다.

비단 사람뿐만이 아닙니다. 공간에서도 기를 느낄 수 있습니다. 어느 장소에 들어서면 싸늘한 느낌을 받기도 하고, 또 어느 곳에서는 편안하고 아늑한 느낌을 받기도 합니다.

이건 머리로 아는 것이 아니라, 그저 느낌으로 알 수 있는 겁니다.

특히나 사랑의 에너지로 가득 찬 곳은 가장 좋은 에너지가 흐르는 곳입니다. 그래서 화목한 가정이 머무르는 공간엔 사랑의 에너지가 가득합니다. 사랑의 에너지가 많은 식당은 서비스도 좋고 음식에도 정성이 들어가 있습니다. 음식맛과 서비스가 좋으니 당연히 장사도 잘됩니다. 어떤 공간이든 사랑의 에너지가 많은 곳은 사람들에게 사랑을 받는 장소가 됩니다.

당신이 머무르는 공간, 당신이 만나는 사람들은 어떤 에너지를 품고 있습니까? 누군가를 만났을 때 마음이 편안하고 오랫동안 함께 있고 싶다면 그 사람은 나와 에너지가 잘 맞는 사람입니다. 그 사람과는 공감과 교감이 쉽게 이루어지고 함께 있으면 힘을 얻고 긍정적인 영감을 받습니다.

반대로 함께 있으면 유난히 마음이 불편하고 시간이 느리게 흐르는 것 같다면, 그 사람은 당신과 에너지가 맞지 않는 사람입니다. 이런 경우는 상대와 긍정적인 교감을 이루기 힘듭니다. 그리고 대부분 그들은 나에게 부정적인 에너지를 주는 사람일 확률이 높습니다. 따라서 이런 경우엔 그 사람과 깊은 친분이 아닌 적당한 사회적 관계 정도만 유지해야 합니다.

이렇게 에너지를 잘 느낄 수 있다면, 나에게 더 좋은 선택을 할 수 있게 됩니다. 느낌 충만한 선택은 감성적인 선택일 순 있지만, 에너지는 느낌으로만 알아차릴 수 있기에, 이 느낌은 나에게 소중한 자료일 수 있습니다.

좋고 나쁘고를 떠나서 그저 자신에게 맞는 자리가 있다고 생각합니다. 서로 긍정적인 에너지를 주고받아 개인과 단체의 성장을 함께 이룬다면 더할 나위 없는 찰떡궁합인 곳입니다.

또한 느낌은 마음과 영혼의 언어이기도 합니다. 마음과 영혼은 느낌을 통해 의사표현을 합니다.

저와 친했던 어떤 동생은 오랫동안 꿈꾸어 왔던 대기업에 합격했습니다. 꿈을 이룬 그 동생은 너무 행복해 했습니다. 하지만 몇 개월 후, 제 앞에 나타난 그의 얼굴을 보고 깜짝 놀랐습니다. 너무나 어두웠기 때문입니다. 꿈꾸던 회사에 합격해 행복해 하던 모습은 온데간데 없고 얼굴은 푸석하고 낯빛은 어두웠습니다.

그의 이야기를 들어보니 새로 들어간 직장이 자신과 너무 맞지 않아 힘들다는 것이었습니다. 아직 적응을 못해서 그런 거라고 생각하고 싶지만, 하루하루 버티기가 너무 고통스럽다고 했습니다. 대기업 취업이라는 소망을 이루었지만 자신의 예상과는 다른 사내 분위기와 업무로 고통을 받으니 얼마나 혼란스럽고 괴로웠을지 상상이 갑니다.

대기업이고 연봉도 높고 안정적인 직장은 누구나 꿈꾸는 곳입니다. 하지만 꿈에 그리던 직장에서의 생활은 가혹했고, 지옥처럼 느껴진 것입니다.

결국 그는 1년을 버티지 못하고 회사를 그만두었습니다. 회사를 그만둘 당시 그의 상태는 매우 안 좋았습니다. 매일 밤 이어지는 회식, 과음으로 살이 많이 쪘고 얼굴은 늘 푸석푸석했습니다. 스트레스가 많이 쌓인 상태에서 불면증까지 겹쳐 늘 만성피로에 위염을 달고 살아, 건강도 많이 안 좋아진 상태였습니다.

가장 심각한 건 그의 영혼입니다. 그는 웃음을 잃은 지 오래였고, 아주 공격적인 태도로 사람들을 대하기 시작했습니다. 옆에서 지켜보는 저조차 그가 너무 위태로워 보여 불안했습니다. 그래서 저는 누구보다 그의 퇴사를 반겼습니다.

처음에는 어떻게 해서라도 버텨야겠다고 마음 먹었다고 합니다. 높은 연봉과 대기업이란 타이틀도 포기하기 싫었지만, 그곳에 들어가기 위해 공들인 수많은 시간과 노력이 아까워서였습니다.

치열한 취업 경쟁에서 살아남기 위해 얼마나 많은 준비를 하고 또 얼마나 많은 스트레스를 감당했을까요? 그렇게 참고 노력하여 얻은 결과인데, 스스로 포기하고 퇴사를 하려니 막막하고 아깝고 눈물만 났을 것입니다.

하지만 이건 적성의 문제라기보다는 에너지와 더 깊은 관련이 있습니다. 나와 에너지가 맞지 않는 사람 한 명만 있어도 기가 빠지고 힘든데, 수십, 수백 명이 함께 모여 이룬 집단 에너지가 나와 맞지 않는다면 버텨낼 재간이 없습니다. 무리하게 버틴다면 몸과 마음, 영혼이 모두 망가지고 말 것입니다.


회사를 그만둔 그는 긴 시간 혼자 여행을 다녀왔습니다. 여행을 다녀온 그의 모습은 한결 나아보였습니다. 많은 월급을 포기했지만 괜찮다고 했습니다. 그리고 초연한 마음으로 다시 준비해 다른 회사에 취업을 했습니다.

그는 현재 새로운 회사에 아주 잘 다니고 있습니다. 자신과 잘 맞는 에너지의 직장을 만난 게 틀림없습니다. 어떻게 보면 자신이 있어야 할 자리로 간 것일 수도 있습니다.

저는 좋고 나쁘고를 떠나서 그저 자신에게 맞는 자리가 있다고 생각합니다. 비슷한 에너지끼리 함께 있을 때 마음이 편안해집니다. 더불어 서로 긍정적인 에너지를 주고받아 개인과 단체의 성장을 함께 이룬다면 더할 나위 없는 찰떡궁합인 곳입니다.

무엇을 하든 에너지를 읽는다면 오로지 나를 위한 선택을 할 수 있습니다. 그래서 저는 에너지 흐름을 매우 중요하게 생각합니다. 나의 에너지를 소중하게 생각하기에 가능하면 에너지를 훼손시키는 것을 멀리하며, 나와 교감하기 어려운 에너지의 사람과는 굳이 가까워지려 애쓰지 않습니다.

나와 맞지 않는 에너지의 장소나 사람과 함께 한다면, 부조화 속에서 스스로 분리됨을 느낍니다. 부조화와 부자연스러움, 그리고 분리됨은 에너지를 고갈시키고 몸과 마음을 힘들게 할뿐입니다.

반드시 기억해야 합니다. 좋고 나쁘고의 문제가 아닙니다. 우리는 에너지의 세상에 살고 있기 때문에 에너지의 성질이 중요합니다. 나와 조화를 이룰 수 있는 사람과 장소가 있습니다. 그 흐름과 함께 해야 성장할 수 있습니다.

# 11

## 삶은 마음이 만드는 것이다

"내일 지구가 멸망하더라도 나는 오늘 한 그루의 사과나무를 심겠다."

스피노자의 이 말은 너무도 유명해 모르는 사람이 없을 것입니다. 이 명언은 참으로 멋진 이야기를 하고 있습니다.

그럼 우리도 내일 지구가 멸망하는 상황에 놓였다고 가정해볼까요? 내일 지구가 멸망하면 지구에 있는 모든 사람의 운명은

> 인생은 주어진 상황이나 운명의 문제가 아닙니다. 선택의 문제입니다. 나의 세계는 순간순간 나의 마음먹기에 따라 달라집니다. 같은 하루를 살아도 어떤 마음으로 살고 있느냐가 그 사람의 현재와 미래를 결정합니다.

이미 결정된 것입니다. 모두 동일한 운명에 처한 것입니다.

그렇다면 세상 모든 사람이 같은 마음일까요? 물론 그렇지 않을 것입니다. 왜냐하면 사람들은 저마다의 마음을 가지고 있기 때문입니다.

많은 사람은 두려움으로, 공포심으로, 망연자실함으로 벌벌 떨며 고통스러운 24시간을 보낼 것입니다. 그들 생각에 죽음이란 끝과 고통을 의미하므로 이렇게 모든 것이 끝나버리는 재앙에 절규할 것이고 안타까워할 것이고 억울해할 것입니다. 인간에게 가장 극단의 두려움은 죽음이기 때문입니다.

하지만 누군가는 그 시간을 초연하고 당당한 모습으로 보낼 것입니다. 마지막 24시간을 두려움과 공포가 아닌 마지막으로 허락된 지금(present)이라는 선물(present)로 생각합니다.

사랑하는 가족들과 사랑의 인사를 나누며 마지막 축배를 들수도 있고, 옛일을 회상하며 그동안의 모든 일이 은혜였음을 고백하며 감사의 기도를 드릴 수도 있습니다.

또 누군가는 마지막까지 희망을 포기하지 않고 희망의 노래를 할지도 모릅니다. 그래서 언젠가 열릴지 모를 탐스러운 사과나무를 심을 수도 있는 것입니다. 지금 이 순간은 아직 지구가 멸망하지 않았기 때문입니다.

이렇게 내일 지구가 멸망한다는 사실은 동등하게 주어집니다. 모두에게 주어진 운명은 같습니다. 하지만 누군가는 절망을 선택하고, 또 누군가는 희망을 선택합니다.

하루를 지옥처럼 두려움으로 보내든가, 아니면 천국처럼 감사와 희망으로 보내든가는 모두 각자의 선택에 달려 있습니다.

인생은 주어진 상황이나 운명의 문제가 아닙니다. 선택의 문제입니다.

얼마나 심오한 비밀인가요? 같은 날, 같은 시간, 같은 상황에 직면해도 이렇게 각각 다른 삶을 삽니다. 누군가는 불안하고 절망스럽게, 누군가는 기쁘고 감사하게, 누군가는 희망으로….

"운명이라는 것을 믿으시나요?"
"운명은 바뀔 수 있을까요?"

사람들이 가끔 저에게 이런 질문을 합니다. 우린 태어날 때부터 정해진 운명이 있는지, 만약 존재한다면 자신은 그 운명을 바꿀 수 있을지 궁금해 합니다.

저는 운명이 어느 정도는 작용한다고 생각하지만, 운명을 100% 신뢰하지는 않습니다. 이유는 운명이 있다고 해도 언제나 변수가 발생하므로, 운명이 바뀔 수 있다고 생각하기 때문입니다. 운명이 있다 해도 미래를 100% 예측할 수 없는 것은 이 변수가 돌발적으로 발생하기 때문입니다.

그렇습니다. 포인트는 변수입니다. 운명론자들이 이 변수를 예측할 수 없는 이유는, 그것이 너무 돌발적이고, 너무 많은 불확실성을 지녔기 때문입니다.


우주의 수많은 별들도 질서있게 흐르고 있지만 그 중에서도 변수는 발생합니다. 별의 폭발로 인해 터져 나온 별조각에 흐름이 흐트러지고, 별들끼리 충돌이 있을 수도 있습니다. 또 블랙홀을 만나 영원의 어둠으로 빨려 들어갈 수도 있고, 소멸될 수도 있습니다. 질서 속에서 무질서가 생겨나는 이유는 돌발적인 변수로 인해서 대열이 흐트러졌기 때문입니다.

질서 속에서도 무질서가 발생합니다. 그래서 저는 이 변수로 인해서 언제나 삶은 바뀔 수 있다고 생각합니다. 그렇다면 운명을 쥐락펴락 할 수 있는 변수란 무엇을 말하는 걸까요?

삶에서의 변수는 '마음'입니다.

우리는 서로 각각 다른 빛깔을 지니고 이 세상에 태어납니다. 그리고 각자 다른 마음세계를 가지고 있습니다. 이 마음세계는 겹치는 일이 없습니다. 마음은 우주와도 같은 무한함과 가능성을 지닌 세계입니다. 그러기에 예측이 불가능 합니다.

나의 세계는 순간순간 마음먹기에 따라 달라집니다. 같은 하루를 살아도 어떤 마음으로 살고 있느냐가 그 사람의 현재와 미래를 결정합니다.

따라서 변수는 생길 수밖에 없습니다. 마음이 어떤 선택을 할지 그 무한한 가능성의 장을 어찌 100% 확률로 맞출 수 있을까요? 상황은 비슷하게 예측한다고 해도, 사람의 마음까지는 예측할 수 없습니다.

똑같은 운명을 갖고 태어났다고 하더라도 삶은 모두 다르게 나타납니다. 운명에서 변수는 시시각각 변하는 마음에 달려 있기 때문입니다.

중요한 것은 주어진(혹은 이미 정해진) 운명이 아니라, 하루하루를 살아내고 있는 우리의 마음자세입니다. 이것은 어떤 상황에서도, 아무리 힘든 상황일지라도 희망을 선택해야 하는 이유이기도 합니다. 또한 희망은 대부분 긍정적인 생각으로 나타납니다.

저 역시 지구가 내일 사라진다한들 지금은 존재하고 있기에 가장 좋은 선택을 할 것입니다. 사과나무를 심진 않겠지만, 끝까지 지금의 행복을 추구할 것입니다. 그리고 감사와 사랑의 마음도 전할 것입니다.

왜냐하면 그것이 그 순간 가장 완벽하게 존재하는 방법이기 때문입니다.

# 창조는 이렇게 이루어진다

마음공부를 하면 선택이란 단어를 많이 사용하게 됩니다. 그 이유는 간단합니다. 우리는 선택을 통해 스스로의 세상을 창조하고 있기 때문입니다.

'내가 내 세상을 창조 중이다?'

이 말이 무슨 뜻일까요? 조셉 머피는《잠재의식의 힘》이라는 책에서 다음과 같이 말했습니다.

"미리 정해지거나 예정된 것은 아무것도 없습니다. 당신의 마음가짐, 즉 당신이 생각하고 느끼며 믿는 방식이 당신의 운명을 결정합니다. 과학적 기도를 통해 당신은 스스로 자신의 미래를 만들고 창조해 낼 수 있습니다."

저는 어렸을 때부터 글쓰기와 책읽기를 좋아했습니다. 취미 또한 독서와 글쓰기였고 특기는 발표였습니다. 중학교 때부터 재미로 소설을 써서 친구들과 돌려봤고, 고등학교 때는 매일 '오픈 일기'를 써서 책상 위에 올려놓았습니다. 그러면 친구들이 오가며 자유롭게 들춰보고 깔깔댔습니다. 친구들은 독특하고 재기발랄한 제 일기를 좋아했고, 저는 그런 친구들의 모습을 보면서 묘한 뿌듯함을 느꼈습니다.

자연스럽게 전공은 문예창작을 선택했습니다. 수업이 너무 재미있었습니다. 공부하는 것이 너무 재미있어 신나게 학교를 다녔습니다. 글을 읽고 분석하는 것, 글을 창작하는 것, 훌륭한 작가에 대해 공부하는 것 모두 너무 흥미로웠습니다. 물론 반드시 장학금을 받아야만 다음 학기 등록금을 해결할 수 있는 현실적인 문제도 있었지만, 공부가 재미있어서 열심히 파고들며 공부했고 학교 생활도 최선을 다했기에 결과도 좋았습니다.

전 어렸을 때부터 작가가 되고 싶었습니다. 하지만 당장 작가가 될 자신도, 밥벌이가 되지 않는 전업작가로 생활고를 버티며 살 배짱도 없었습니다. 현실을 냉정하게 바라볼 수밖에 없었습니다. 그렇게 작가란 꿈의 씨앗은 잎사귀도 펴지 못한 채 저의 마음 속에 묻어 두어야만 했습니다.

그리고는 온라인 사업으로 작은 쇼핑몰을 운영하였습니다. 돈을 벌고 결혼도 하고 아이도 낳으며 평범하게 살았습니다. 그렇게 살 동안 작가의 꿈을 잊지는 않았지만 현실적인 문제로 묻어두고 돈을 많이 버는 것에 목표를 두고 살았습니다.

하지만 사람 일은 어떻게 풀릴지 아무도 모릅니다. 마음공부를 하게 된 후 용기 내어 유튜브에 강의를 올리기 시작했습니다. 조금씩 마음공부에 대한 강의 콘텐츠가 쌓이면서, 글로 정리하고 싶다는 마음이 생겼고, 어렸을 때의 꿈도 되살아났습니다.

직감적으로 아주 오래전에 품었던 꿈의 씨앗이 조금씩 싹을 틔우는 것임을 느낄 수 있었습니다. 제가 쓴 글을 사람들 앞에 내놓을 수 있을 것 같다는 확신이 들었고, 용기를 내어 책을 집필하게 되었습니다.

이렇게 무심히 품었던 생각의 씨앗이 마음속에 깊이 박혀 있다면 언제라도 뿌리를 내리고 나무로 성장할 수 있는 가능성이 있습니다. 반대로 한 번도 품지 않은 생각의 씨앗은 결코 자라날 수 없습니다.

예를 들어 전 스케이트 선수가 될 거라는 생각을 꿈에서 조차 품은 적이 없습니다. 왜냐하면 운동신경이 많이 떨어지고, 운동 자체를 별로 좋아하지 않기 때문입니다. 또한 살면서 스케이트 장을 한 번도 가본 적도 없었고, 무엇보다 승부욕이 거의 없기에 기를 쓰고 이기려는 습성이 없습니다. 그래서 게임, 스포츠 등엔 아무런 관심이 없습니다. 스케이트 선수에 대한 희망, 아이디어, 열정은 전무하였고, 정보 또한 문외한이었습니다. 그것은 저와 는 다른 세상입니다.

그러기에 당연히 그런 일은 일어나지 않습니다. 내가 어떠한 생각과 아이디어를 품지 않는 이상, 나와는 다른 세상이 되어버리는 것입니다.


여러분은 텔레비전에서 어마어마한 부자의 삶을 보면 무슨 생각을 하시나요? 나와는 상관 없는 것처럼 딴 세상 사람 보듯이 보고, 저렇게 사는 사람도 있구나 하면서 이질감을 느끼나요? 아니면 그들의 삶이 가슴을 울리고 나도 저렇게 살고 싶다는 소망과 함께 새로운 아이디어가 떠오르나요? 만약 그들의 삶을 보고 가슴이 뛰고 나도 그렇게 살겠다는 의지가 생기고 그 사람을 통해 아이디어를 얻어 도전을 하고자 한다면 여러분은 그 사람처럼 될 수 있습니다. 생각의 씨앗이 마음에 심어졌기에 가능성은 무한지수입니다.

'창조'란 말은 매우 거창해 보이지만 사실은 매우 쉬운 원리입니다. 세상의 발명품을 떠올려 보면 이해가 쉽습니다. 몇 백 년 전엔 비행기란 것이 없었습니다. 사람이 하늘을 날 수 있다는 생각은 전혀 하지 못했습니다. 전기조차 없었고 동물을 이용해 마차를 몰고 다니던 시대에, 만약 누군가 비행기를 그려 보여주며 하늘을 나는 기계라고 말한다면 정신 나간 미친 사람이라고 생각할 것입니다. 만약 비행기가 목격됐더라도 하늘이 내린 재앙 혹은 괴물이라고 생각했을 겁니다.

하지만 누군가는 끊임없이 사고하고 도전합니다. 그의 가능성은 무한지수입니다.

'사람도 하늘을 날 수 있을까?'란 상상을 끊임없이 하던 사람들의 생각이 모이고, 용기 있는 몇몇 사람은 이를 위해 끊임없이 도전합니다. 이때는 무조건 열정이 필요합니다.

처음 도전은 무모했지만 시간이 지나면 지날수록, 점점 아이디어는 구체화되고 실험과 실패가 거듭될수록 기술이 늘어납니다. 결국 라이트형제를 비롯한 수많은 열정 있는 발명가의 피나는 노력으로 우리는 하늘을 날 수 있게 되었습니다.

지금은 비행기를 타고 하루 만에 지구 반대편으로도 이동합니다. 더 이상 비행기가 없는 지구는 상상할 수조차 없게 되었습니다. 누군가의 허무맹랑한 상상으로 시작된 일이지만, 그 상상은 결국 비행기를 창조하였습니다.

이것이 바로 생각으로부터 시작한 창조의 원리입니다. 누군가의 상상이나 아이디어로 출발한 창조물들이 하나씩 세상에 생겨나면서 문명은 발전에 발전을 거듭한 것입니다. 인위적인 것들, 즉 인간이 만들어낸 모든 것은 인간들의 상상과 아이디어에서 나온 것입니다.

갑자기 아프리카로 떠나고 싶은 마음이 떠오르나요? 갑작스러운 아이디어는 나를 비롯한 주위 사람들을 당황하게 할 것입니다. 그렇지만 생각은 창조력을 가지고 있다고 이야기했습니다. 어떻게 생각의 씨앗은 나를 아프리카로 데려다 놓을까요?

결론적으로 창조는 요술지팡이가 아닙니다. 그 어떤 발명품도 나를 눈 깜짝할 사이에 아프리카로 데려다 놓지는 못합니다. 하지만 끊임없이 사고한다면 이야기는 달라집니다. 그저 약간의 시간과 노력이 필요할 뿐입니다.

> 우리는 인생을 선택하고 창조할 수 있습니다. 그 시작은 언제나 '생각 씨앗'입니다. 그 씨앗이 어떻게 자라나 아이디어가 되고, 말이 되고, 행동이 되고, 현실이 되는지 체험하기 바랍니다.

당신은 아프리카에 가고자 하는 마음을 저버리지 못하고 계속 생각하고 생각합니다. 그러면 어느새 아이디어가 하나둘씩 떠오르기 시작합니다. 여행으로 갈지, 일을 하러 갈지, 자원봉사를 갈지 방법과 아이디어가 떠오릅니다.

그리고 아프리카로 가기 위한 비행기표와 숙소를 알아보고, 총 필요한 경비를 계산한 후 그 돈을 마련하기 위한 계획도 세울 것입니다. 어떻게 돈을 마련하고, 어떻게 시간을 마련하고, 어떻게 지낼지를 계획합니다.

생각을 거듭해서 결국 계획을 세웁니다. 그렇다면 남은 것은 오로지 행동입니다. 이제 실행할 일만 남았습니다. 이제 계획한 대로 몸을 움직이면 됩니다. 그러면 어렵지 않게 아프리카에 있는 나를 창조할 수 있습니다.

물론 타오르는 열정, 약간의 시간, 적당한 고생, 치밀한 계획,

용기 있는 실천력이 필요합니다.

중간과정이 복잡하다고 해서 결론이 다른 것은 아닙니다. 어찌됐든 처음 아프리카에 가는 상상을 했던 생각의 씨앗들이 결국 현실이 되었습니다. 상상 속에서만 존재했던 또 다른 나의 모습이 진짜 현실로 발현된 것입니다.

우리가 품은 마음, 생각, 말, 느낌, 행동이 세상을 창조합니다. 우리는 매 순간 현실을 선택하고 있습니다. 수많은 창조는 매순간 이루어지고 있습니다.

내 영혼을 사로잡은, 도저히 마음을 떠나지 않는 아이디어가 있다면 그것을 현실화시키는 작업은 나와 세상의 협업뿐입니다. 물론 어느 정도 시간이란 재료가 필요합니다. 생각이 현실화되기까지 납득할 수 있는 과정이 필요하기 때문입니다. 만약 시간이 존재하지 않는다면 요술지팡이처럼 '팡!'하고 나타났다 사라졌다 할 것이고, 그렇다면 세상은 혼란의 바다가 될 것입니다.

주어진 시간을 지속적인 사고와 노력으로 채우는 방법은 미련한 방법 같지만 지극히 기본적이고 현실적인 창조작업입니다. 물론 하늘의 운과 기적같은 놀라운 경험도 하겠지만, 그것 또한 창조에 필요한 창의적인 재료일 뿐이지 특별한 혜택이 아닙니다.

우리는 인생을 선택하고 창조할 수 있습니다. 그 시작은 언제나 '생각 씨앗'입니다. 그 씨앗이 어떻게 자라나 아이디어가 되고, 말이 되고, 행동이 되고, 현실이 되는지 체험하기 바랍니다. 인생을 흘러가는 대로 내버려두지 마십시오. 창조하며 멋지게 살아갈 수 있습니다.

# 13

## 현실은 우리가
## 믿고 있는 세상이다

저는 오랫동안 잘 먹고 잘 살기 위해선 열심히 일해야 한다고 생각했습니다. 또한 돈은 아껴 써야 하고, 나를 위한 소비는 쓸데없는 낭비라고 생각했습니다. 그건 저의 엄마의 가르침이기도 했습니다.

늘 팍팍한 살림을 꾸리는 엄마에겐 먹을 것과 기본적인 생활비 이외의 지출은 모두 쓸데없는 낭비이자 사치였습니다. 힘겹게 아이들을 키워야 했던 엄마의 입장에선 당연한 일입니다. 엄마, 아빠는 평생 고생하며 힘들게 돈을 벌었고, 늘 아껴 쓰며 살았습니다.

그 모습을 지켜보며 살아온 저 역시 같은 가치관을 갖게 되었습니다. 20대 초반부터 경제활동을 했던 저는 열심히 돈을 벌어야 한다고 생각했습니다. 그리고 돈을 많이 벌면 모든 것이 해결된다고 믿었습니다. 엄마의 믿음이 곧 나의 믿음이 되어버린 것입니다.

20대 후반, 사업이 잘되어 또래 친구들보다 훨씬 많은 돈을 벌 때가 있었습니다. 하지만 여전히 저 스스로에게 돈을 쓰지 못하고 아주 인색했습니다. 가족끼리 식사를 하거나 여행을 가는 것엔 얼마라도 쓸 수 있는 반면, 저 혼자 먹는 것, 옷, 취미생활 등 저를 위한 돈은 아까워서 쓰지 못했습니다.

돈을 안 쓰는 것이 아니라 못 쓰는 것이었습니다. 내 수중에 돈이 있어도 저 자신을 위해서는 쓰지 못했습니다. 돈과는 상관없이 그건 그저 마음의 선택이었습니다. 고정된 관념이 나를 쓰고 싶어도 쓸 수 없는 사람으로 만들어 버린 것입니다.

결국 저도 엄마처럼 자신을 위한 선물을 허락치 않는 사람이 되었습니다. 부모님의 삶을 답습하는 건 제 의지가 아니었습니다. 그건 무의식에 깊이 박혀진 관념과 믿음 체계로부터 오는 판단과 선택이 만들어낸 결과물이었습니다. 이것을 깨닫는데도 오랜 시간이 걸렸습니다.

마음공부를 진지하게 시작했을 땐 모든 것을 멈췄을 때였습니다. 많은 것을 멈추고 가만히 나를 지켜봤습니다. 그러니 알겠더군요. 앞으로 큰 경제적인 성공을 거둔다 해도 저는 여전히 스스로에게 인색한 사람이었을 것입니다.

주머니 사정이 중요한 것이 아니었습니다. 저의 마음 세계가 풍요를 허락하지 않는 것이었습니다.

그럼 저는 왜 부자가 되고 싶었을까요?

아마도 제 가족들에게 많은 것을 해줄 수 있어야, 그들이 행복해질 수 있다고 믿었던 것 같습니다. 그들의 행복이 나의 행복이라 믿었고, 내가 그들의 행복을 책임져야 한다고 생각했습니다. 그리고 자연스럽게 나를 위한 사치는 어리석은 짓이라고 생각했습니다. 이것은 우리 엄마의 인생관이기도 했습니다.

이건 행복일까요? 희생일까요? 어리석음일까요? 우리 엄마는 행복했을까요?

잘은 모르겠습니다. 하지만 마음공부를 하면서 내린 결론은

'행복한 나로 살아가기'였습니다. 왜냐하면 나 자신의 행복은 최대한 뒤로 미룬 채 경제적인 성공을 위해 달리다보면, 결국 행복해지는 방법을 잊어버려 저는 영원히 행복을 느끼지 못하는 사람이 되어버릴 것 같았습니다.

이것을 깨닫고 다시 제 인생을 설계했습니다. 그때부터 제 삶의 패턴은 달라졌습니다. 아주 작은 습관부터 시작해서 인생의 최종 목표까지 모두 조금씩 변해갔습니다. 지금의 재정상태, 커리어, 능력, 인간관계가 행복을 결정하는 중요 요소가 아니었습니다. 중요한 것은 '내 마음이 믿고 있는 세상'이었습니다.

저는 과감하게 처음으로 저에게 긴 휴식을 주기로 결심했습니다. 일단 운영중이던 쇼핑몰 업무를 최소화해 일의 업무량을 줄여 나갔습니다. 광고비를 투자하지도 않았고 신상품을 업데이트하지도 않았습니다. 사무실도 모두 정리해 집으로 들어와 방 하나를 작업실로 썼습니다. 상품을 보러 시장조사를 나가지도 않았고, 모든 것은 택배로 처리하면서 가능한 일적으로는 외출을 하지 않았습니다.

시간이 많아진 저는 운동도 하고 책도 보고 음악도 들었습니다. 하루종일 멍하니 앉아 있기도 하고 뒷산으로 산책도 다녔습니다. 물론 아이들이 유치원과 학교에서 돌아올 시간이면 여전히 분주한 엄마였지만, 예전처럼 정신없이 바쁘진 않았습니다. 그냥 모든 것이 편하고 여유로웠습니다.

그리고 주머니 사정과는 상관없이 돈을 쓰는데 있어서도 별로 개의치 않는 사람이 되었습니다. 물론 이것도 처음엔 연습이 필요했습니다. 사고 싶은 옷이 있으면 쇼핑도 나가고, 인터넷을 보다 예쁜 것이 있으면 사기도 하고, 고급스러운 미용실에 가서 머리도 하고, 먹고 싶은 것이 있으면 멀리라도 가서 사먹었습니다. 영어공부를 한다는 핑계로 하루종일 미국 드라마를 보기도 하고, 혼자 훌쩍 여행을 다녀오기도 했습니다. 그냥 저를 위한 크고 작은 선물을 하고, 그것을 기쁘고 감사한 마음으로 받았습니다.

너무 신기한 건 돈은 다 알아서 채워졌습니다. 돈 걱정을 안하고 아예 내려놓으니 오히려 돈 걱정할 일이 생기지 않았습니다. 지금 생각해도 참 신기한 일입니다. 그렇게 내 마음은 점점 부유해져갔습니다. 저는 드디어 부자가 된 거 같습니다.

저는 스스로에게 풍요를 허락하는 사람이 되기로 결정했습니

다. 이제 힘들게 일하지 않습니다. 즐거
운 일을 하며, 돈에 연연하지 않습니다.
나에게 들어오는 수입이 얼마든 감사하
게 생각합니다. 무리한 과소비는 하지 않

> 세상은 내가 꿈꾸는 대로,
> 소망하는 대로 펼쳐지는 것이
> 아니라 내가 믿는 대로 펼쳐집니다.
> 내가 믿는 세상이, 곧
> 내가 만나게 될 세상입니다.

기에, 저를 위한 소비도 얼마가 되었든 합리적인 소비라 믿습니
다. 기쁘게 투자한 것은 기쁘게 돌아오기 때문입니다. 이렇게 제
삶의 믿음 체계는 조용히 바뀌고 있습니다.

◆ 이전의 믿음 : 돈은 힘들게 버는 거고, 그것을 아껴 써야 한
다. 나를 위한 소비는 낭비다. 쓰지 않는 게 현명한 것이다. 악착같
이 돈을 모아야 한다. 그래야 가족이 행복하고 미래가 행복하다.

◆ 지금의 믿음 : 힘들게 일하지 않아도 내 그릇만큼 알아서
채워진다. 나의 기쁨을 챙기고 나를 위한 여유와 소비를 기쁘게
허락한다. 내가 행복해야 가족이 행복하고, 지금 행복해야 나중
에도 행복하다.

지금 현실은 자신이 스스로 끌어당긴 것입니다. 그런데 대부
분 이 말을 들으면 그렇지 않다고 부정합니다. 왜냐하면 대부분

자신의 인생을 마음에 들어 하지 않기 때문입니다. 그렇다고 노력을 안 한 것도 아닙니다. 나름대로 열심히 노력하며 살았습니다. 하지만 우리의 삶은 불만족스럽습니다. 그렇기에 이렇게 말합니다.

"이 현실을 제가 만들었다구요? 저는 이런 삶을 원한 적이 없어요. 저는 이런 세상을 꿈꾼 적이 없습니다."

하지만 진리는 이렇게 이야기합니다.

"세상은 네가 소망하는 대로 나타는 것이 아니다. 네가 믿는 대로 펼쳐지는 것이다."

바로 이것입니다. 세상은 내가 꿈꾸는 대로, 소망하는 대로 펼쳐지는 것이 아니라 내가 믿는 대로 펼쳐집니다. 내가 믿는 세상이, 곧 내가 만나게 될 세상입니다. "돈은 힘들게 버는 거다"라는 우리 엄마의 믿음을 답습했기에 소망과는 다르게 늘 힘들게 일해야 했던 것처럼 말입니다.

- 세상을 두렵고 위험한 곳이라고 믿는다면, 그대로 두려운 세상이 창조됩니다.

- 세상 사람들은 이기적이고 무서워 믿을 수 없다고 믿고 있다면, 그 믿음대로 언제라도 나의 뒤통수를 칠 만한 사람들이 나타납니다.

- 돈은 힘들게 벌고 아등바등 사는 것이 어쩔 수 없는 인생이라고 믿으면, 그런 인생이 펼쳐집니다.

생각보다 무의식의 믿음은 확고하고 힘도 셉니다. 태어난 환경과 지내온 경험과 기억이 축적되면, 나도 모르게 무의식 속에 믿음 체계가 형성됩니다. 그런 체계는 잠재의식 속에 아주 견고하게 만들어져 있습니다. 이 무의식의 믿음 체계를 기반으로 계속적으로 창조를 하고 있는 것입니다.

여러분은 어떤 세상을 믿고 있나요? 그 세상대로 이루어집니다.

# 14

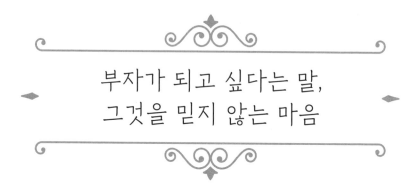

## 부자가 되고 싶다는 말,
## 그것을 믿지 않는 마음

말 : "부자가 되면 좋겠다."

마음 : "하지만 나는 부자가 될 수 없어."

말로는 어떤 말이든 쉽게 할 수 있습니다. 하지만 어떤 마음가짐을 갖는 것은 어렵습니다. 늘 말은 쉽지만, 마음은 어렵습니다.

하지만 우주는 우리의 말보단 마음의 소리에 더욱 귀를 기울입니다. 말로는 괜찮다고 해도 마음이 괜찮지 않다면 마음의 목소리에 손을 들어줍니다. 마음을 진실로 생각하기 때문입니다.

따라서 내가 마음속으로 의심하는 소원, 마음과 다른 말은 하지 않는 것이 좋습니다. 말로만 빌어봤자 그 소원은 이루어지지 않을 것이며, 마음과 다른 이야기를 자주 하면 겉과 속이 다른 사람이 되어 버립니다. 그리고 그 진정성 없는 모습은 누구에게도 인정받기 힘듭니다.

특히나 무엇을 갖고 싶다고 말하지만, 마음속 깊은 속삭임은 그것을 가질 수 없다고 의심할 땐, 그야말로 기도의 역효과가 나고 맙니다.

말로는 '부자가 되고 싶다'라고 하지만 마음 속에서 '하지만 그건 안 될 거야!'라고 속삭이고 있다면 부자가 될 수 없습니다.

세상은 우리가 믿는 대로 창조됩니다.

그래서 5분 후, 1시간 후, 3일 후, 1년 후, 10년 후의 모습을 떠올릴 때, 좋은 모습을 그려야 합니다. 그것을 마음으로 믿고 느껴야 합니다. 그것이 바로 긍정적인 마음입니다.

선택은 곧 창조가 됩니다. 그래서 긍정적인 사람에겐 좋은 일이 더 많이 늘어나고, 부정적인 사람에겐 불행한 일이 더 많이 일어납니다.

무엇을 원하던 우리의 방향은 늘 긍정을 향해 있어야 합니다. 아니 긍정을 믿어야 합니다. 지금 고통이 곧 지나갈 거라는 '믿음', 내일은 지금보다 더 나아질 거란 '소망', 세상은 내 편이라는 '사랑'이 모두 긍정적인 방향입니다. 그래서 교회에서는 '믿음', '소망', '사랑'을 강조하는 것입니다. 그것이 진리이기 때문입니다.

명상이나 자기암시에서 쓰이는 확언은 강력한 긍정의 메시지를 스스로에게 주입시키는 작용을 합니다. 하지만 마음이 의심하면서 입으로만 하는 확언은 차라리 하지 않는 것이 낫습니다. 의심의 씨앗이 없는 믿음을 담은 확언이라야 스스로에게 도움이 될 수 있습니다.

확언 중에서도 가장 유명한 확언은 에밀 쿠에의 '날마다' 확언문입니다. 이 확언문은 내 삶의 모든 것이 그저 좋은 방향으로 흐르고 있음을 단언하고 있습니다.

무엇이 좋아질지, 어떻게 성공할지 구체적이지도 않고 강요하지도 않습니다. 그저 날마다 점점 좋아지고 있다고만 이야기합니다. 이 말대로라면 딱히 의심할 여지도 꼬투리 잡을 거리도 없습니다.

긍정적인 마인드를 갖고 싶은 분들은 아래 확언문을 하루에 세 번씩 외치기 바랍니다. 하루하루 점점 좋아지고 있음을 그저 알고 계시면 됩니다.

"나는 날마다, 모든 면에서, 점점 더 좋아지고 있다."

선택과 동시에 믿어야 합니다. 아무리 긍정적인 말이라도 입으로만 하고 마음으로는 품지 않으면 그것은 창조의 씨앗이 될 수 없습니다. 입으로만 떠드는 알맹이 없는 말들은 거짓이기 때문입니다.

또한 내가 힘든 역경을 겪고 있는 경우엔, 어느 때보다도 긍정의 힘이 필요합니다. 힘들고 어려울 때 기댈 수 있는 것은 희망밖에 없기 때문입니다.

이때 우리가 가져야 하는 긍정적인 마음가짐은 두 가지입니다. 이 시간은 곧 지나간다는 것, 그리고 모든 것은 배움이라는 것입니다.

"이 시련이 나를 지나간다는 것을 알고 있어. 그리고 나는 배우는 중이야. 내가 배움을 끝내면 곧 좋은 일이 펼쳐질 거야."

세상의 모든 것들은 흐르고 있고, 그래서 지금의 고통도 언젠가는 지나갑니다. 그 시기를 현명하게 보내는 것이 우리의 숙제라면, 긍정적인 내일을 다시 한 번 용기 내어 품는 것은 예습입니다. 마음에서 긍정을 그리는 예습은, 더 좋은 인생을 예비합니다.

이것은 인과법칙이기도 합니다. 믿음으로 생각을 보내니 그 결과가 나타날 뿐입니다.

선택과 동시에 믿어야 합니다. 아무리 긍정적인 말이라도 입으로만 하고 마음으로는 품지 않으면 그것은 창조의 씨앗이 될 수 없습니다. 입으로만 떠드는 알맹이 없는 말들은 거짓이기 때문입니다. 닐 도날드 월쉬는《신과 나눈 이야기 3》에서 이렇게 말했습니다.

"자기 마음을 속일 수는 없는 법이니 너희가 진지하지 않다면, 너희 마음은 그걸 알 것이고 그러면 그걸로 끝이다. 너희는 창조 과정에서 마음이 너희를 도울 모든 기회를 그냥 잃고 만다."

# 벌 받는 것처럼 살지 말아요

혹시 그런 경험 있으신가요? 해도 해도 안 돼서 자포자기의 심정으로 마음을 내려놓을 때 비로소 기적이 찾아오는 경험 말입니다. 세상은 가혹하게도 나를 절벽 끝으로 몰아세우다가 떨어지기 직전 끝자락에서 눈을 질끈 감았을 때, 날개를 달아주어 하늘을 날게 해줍니다.

결혼한지 8년이 지나도록 임신을 하지 못하던 친구가 있었습니다. 그 친구는 처음엔 자신이 원하면 바로 아기가 생길 줄 알고 여유로웠지만, 시간이 지날수록 초조해 했고 기다림의 시간이 끝도 없이 이어지자 깨달았습니다. 아기는 원한다고 바로 가질 수 있는 것이 아님을 말입니다. 친구는 정기적으로 병원을 다니며 검사도 하고 철저하게 계획을 세우며 많은 노력을 했습니다.

4년차가 되었을 땐 인공적인 의학시술을 통해 임신을 시도했습니다. 하지만 그것마저 실패하자 5년 이후부턴 마음 고통의 크기가 너무 커서 견디기 힘들어 했습니다. 지나가는 아기들만 봐도 눈물을 쏟고, 아기를 갖지 못하는 서러움과 원망으로 마음에 멍이 들기 시작합니다.

그리고 8년이 되어도 아기가 생기지 않자 자포자기의 심정이 됩니다. 원한다고 해서 이루어지는 것도 아니고, 운다고 해결되는 것도 아니기 때문입니다. 8년이란 시간 동안 마음고생을 너무 많이 한 그 친구는 모든 것을 포기한 듯 보였습니다. 더 이상 하늘이 허락하지 않는 일을, 자신이 어찌할 도리가 없다고 판단한 것입니다. 그렇게 마음을 내려놓았습니다.

"이젠 남편과 의지해서 둘이서 잘 살아보려고 해."

친구는 그제야 조금 편안해 보였습니다. 아이를 갖기 위해 마음고생 했던 시간이 무려 8년이었습니다. 8년의 긴 투쟁을 끝으로 친구는 마음을 내려놓고 드디어 평화를 찾았습니다.

그런데 놀랍게도 얼마 후에 그 친구는 그렇게도 고대하던 임신을 하였습니다. 마음고생하며 병원을 수없이 들락날락 거리며 노력했어도 안됐던 일이, 모든 것을 내려놓고 아무것도 하지 않으니 그제야 선물처럼 아기가 찾아온 것입니다. 그동안의 설움과 고통이 모두 사라지는 것 같았습니다.

얼마나 귀한 아기일까요? 얼마나 기뻤을까요? 하지만 친구는 의외로 차분하고 담담했습니다. 지금이라도 아기가 자신을 찾아와 준 것에 대해 벅찬 감사함을 느끼면서도, 자신이 너무 기뻐하거나 감정적으로 들뜨면 아기가 달아날까봐 두려운 마음도 함께 가지고 있었습니다. 너무 귀하고 소중해 기쁨 반, 두려움 반으로 조심스럽게 임신 기간을 보낸 그 친구는 선물과 같은 아들을 낳았습니다.

생명이 나에게 오는 것은 아주 고귀하고 특별한 사건입니다. 생명이 생명을 품는 것은 정말이지 신의 영역이 아닐 수 없습니다. 왜냐하면 난자와 정자가 만나 수정이 되는 것은 생리적인 현상이 아니라, 그야말로 기적이기 때문입니다.

기다리던 새 생명이 나에게 원하는 시기에 알아서 찾아와 준다면 너무 감사한 일이지만 혹시 그렇지 못하더라도 그건 어쩔 수 없는 부분이라 생각합니다. 그건 누구의 탓도 아닙니다. 신이 나를 미워해서도 아니고, 내가 그럴 자격이 없어서도 아닙니다. 그냥 올 수도, 오지 않을 수도 있는 것입니다.

하지만 바라는 마음이 간절했을 땐 고통이 두 배로 더 커집니다. 모든 것을 하늘의 뜻으로 맡기고 하염없이 기다려야 하는 것은, 가혹하기까지 합니다. 그리고 그 가혹한 시간을 벌처럼 견딘 시간이 8년이었습니다. 조금이라도 일찍 마음을 편하게 먹고 내려놓았다면 그렇게 긴 시간을 고통 속에서 보내진 않았을 겁니다.

만약 너무 바라던 것이 아무리 기다려도 오지 않는다면, 내려놓는 것이 맞습니다. 여기서 내려놓음이란 그냥 상황은 상황대로 두고 바라는 마음은 내려놓으라는 것입니다.

나에게 온다면 너무 기쁘고 감사하지만 그렇지 않더라도 내 인생은 실패가 아니라고 생각하는 자세가 중요합니다. 욕망을 내려놓으면 마음이 편해집니다.

이래도 좋고 저래도 좋은 상태, 즉 아쉬울 것 없는 상태가 되어야 합니다. 그래야 어떤 결과가 나와도 나는 여전히 평화로울 수 있습니다. 저는 이것을 내려놓음이라고 생각합니다.

우리는 많은 것을 내려놓지 못해 걱정과 번뇌 속에 있습니다. 번뇌의 80% 이상은 자신의 바람대로 되지 않는 욕망 때문에 일어난다고 생각합니다. 모든 번뇌는 바라는 마음에서 시작합니다.

> 없는 것에 대한 목마름보단 가진 것에 대한 충만함을 느껴야 행복할 수 있고 스스로를 사랑할 수 있습니다. 지금이 여러분 인생의 전부입니다. 자신을 있는 그대로 인정하고 그 모습 속에서 아름다움을 찾으십시오.

Love yourself! 그저 있는 그대로의 나를 사랑해야 합니다.

스스로를 사랑하지 못하는 것은 내 자신이 마음에 들지 않기 때문입니다. 내 멋대로 '멋진 나'라는 자아상을 만들어놓고는 그 기준에 못 미치면 나를 온전히 사랑하지 못합니다.

집착으로 형성된 생각들은 결국 자신을 파국으로 몰고갈 수밖에 없습니다. 왜냐하면 세상 모든 것이 내 뜻대로 이루어지지 않기 때문입니다. 스스로를 만족스럽지 못한 삶 속으로 계속 떠밀고 있는 것입니다.

그건 다른 누구도 아닌 내가 하고 있는 일입니다. 그러니 우리가 만족감을 느끼지 못하는 것을 다른 탓으로 돌리지 마십시오. 그건 스스로가 한 일입니다.

저 역시도 어떤 부분은 훌륭하고 어떤 부분은 너무 미숙합니다. 하지만 이제는 있는 그대로의 나 자신을 받아들이기로 결심했습니다. 불편한 건 더러 있어도 불행하게 하는 건 없습니다. 집착으로 얼룩진 마음을 이젠 내려놓으십시오.

경제적으로 어려운 나라를 보면 먹고 사는 생존이 걸려 있는 사람들이 많습니다. 그들은 태어날 때부터 어려운 환경에서 태어나고 자라났습니다. 그건 운명과도 같이 이미 주어진 것입니다. 그곳 사람들은 배고픔과 질병으로부터 해방되기 위한 욕망을 갖고 있습니다. 그건 사느냐 죽느냐의 문제이기 때문입니다. 그렇다고 그들이 비싸고 좋은 음식, 근육질의 멋진 몸을 원하는 것도 아닙니다. 단지 배고픔에서 벗어나고, 질병에서 벗어나기만을 바랄 뿐입니다.

하지만 우리의 문제는 다릅니다. 우리는 사느냐 죽느냐의 문제가 아니라 어떻게 살고 있느냐에 집중하고 있습니다. 자본주의의 비교문화 속에 살고 있기 때문에 주위 사람들이 나를 어떻게 바라보고 평가할까를 두려워하며 눈치를 봅니다. 어떨 때는 자신의 판단보다도 타인의 시선과 평가를 더 중요하게 생각하기도 합니다.

대다수의 사람은 죽느냐 사느냐의 문제로 고통스러워 하지 않습니다. 내 뜻대로 되지 않고, 내 뜻대로 소유하지 못하기 때문에 고통스러워 하고 있습니다.

욕심은 아무리 물을 마셔도 갈증이 나는 것처럼 나를 채워주는 일이 없습니다. 그리고 욕망이 채워지지 않으면 괴롭습니다. 먹고사는 문제가 아님에도 불구하고 매우 괴롭고 우울하게 살고 있습니다.

이젠 마음의 청량함을 느끼기 바랍니다. 더 이상 갈증으로 고통 받는 것이 아닌, 시원하고 만족스러운 마음을 가져야 합니다.

해결되지 않았던 욕망이란 이름을 조금 내려놓고, 지금까지 걸어왔던 자취를 뒤돌아보기 바랍니다. 물론 충분히 만족스럽진 않을 것입니다. 하지만 여러분은 나름 열심히 살아왔습니다.

원하는 것을 다 갖진 못했어도, 이미 많은 것을 가진 존재입니다. 건강을 허락받았을 수도 있고, 경제적 여유가 있을 수도 있고, 소중한 자녀와의 친밀한 관계를 선물받았을 수도 있고, 내 마음을 알아주는 친구로 인해 기댈 수도 있고, 항상 내 편이 되어 주시는 부모님과 함께 할 수 있는 복을 받았을 수도 있습니다.

없는 것에 대한 목마름보단 가진 것에 대한 충만함을 느껴야 행복할 수 있고 스스로를 사랑할 수 있습니다. 지금이 여러분 인생의 전부입니다. 지금 이 순간을 갈증, 허탈함, 조급함, 자괴감을 안고 보내고 있다면 전부를 놓치고 있는 것입니다.

8년간 아기를 갖지 못해 고통 속에 살았던 제 친구는 조금 더 평안하게 8년을 살았을 수도 있습니다. 다행히 결론은 해피엔딩이었지만, 그 과정의 8년은 벌 받는 것처럼 살았음을 인정해야합니다. 아기가 없어도 행복했던 부분이 분명히 있었을 것입니다. 없는 것만 보고 불행해 하지 말고 있는 것을 보고 행복해 하는 여러분이 되시기 바랍니다.

세상을 내 바람대로 만들려고 노력하는 것은 멋진 여행입니다. 하지만 그 바람대로 되지 않는다고 해서 슬퍼할 필요는 없습니다. 가진 것이 없다고 해서, 이루지 못했다고 해서 고통 속에 빠져 있지 마십시오. 벌 받는 것처럼 살지 마십시오.

눈을 돌려 다른 방향을 바라보면 거기엔 다른 것을 이루고 서

있는 멋진 내가 있을 것입니다. 없는 것을 바라보며 자신을 초라하게 하지 마십시오. 초라한 나는 없습니다. 초라한 생각만 있을 뿐입니다.

이젠 자신을 있는 그대로 인정하고 그 모습 속에서 아름다움을 찾으십시오. 처음 사랑을 시작한 것처럼요.

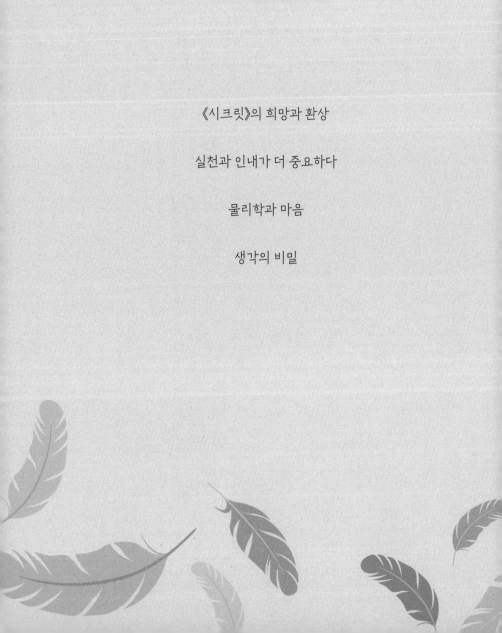

《시크릿》의 희망과 환상

실천과 인내가 더 중요하다

물리학과 마음

생각의 비밀

# 4부

# 끌어당김의 법칙, 시크릿의 진실

사물의 겉모습에 휘둘리지 말고 마음을 다스려라.

– 에픽테토스

# 《시크릿》의 희망과 환상

2007년도에 출간되어 전 세계를 시크릿 열풍으로 물들였던 론다 번의 《시크릿》이란 책이 있습니다. 거의 신드롬에 가까운 현상으로 서점가를 강타했던 이 책은 많은 분이 읽어보셨을 것입니다.

저도 10년 전 이 책을 읽었습니다. 대단히 흥미로웠고 '세상에 이런 것이 있구나'란 흥분된 마음을 가졌었고, 몇 가지는 적극적으로 실천해 보기도 했습니다. 하지만 시간이 지나면서 그 흥분은 거품처럼 가라앉았고, 나중엔 의심마저 들게 되었습니다.

> 내가 먼저 강력하게 생각하면
> 자석처럼 원하는 것들이
> 끌어당겨져서 내 눈앞에
> 펼쳐진다는 것입니다.

시간이 흘러 마음공부를 시작했을 때쯤 이 책을 다시 읽어보았습니다. 놀라운 건 분명 10년 전에 읽었던 내용임에도 불구하고, 전혀 새로운 의미로 저에게 다가왔다는 것입니다. 조금씩 세상의 비밀이 마음에 있다는 사실을 진지하게 깨닫게 되었습니다.

《시크릿》은 유인력이라고 하는 끌어당김의 법칙에 대한 설명을 아주 쉽고 흥미롭게 이야기한 책입니다. 이 책이 공전의 히트를 기록할 수 있었던 이유는 끌어당김의 법칙을 이용해 원하는 것은 무엇이든지 끌어당겨 올 수 있다는 희망과 환상을 심어주었기 때문입니다.

제가 앞에서 나의 생각, 믿음, 마음, 에너지가 주위 에너지에 영향을 주어 현실을 창조한다고 말씀드린 것과 일맥상통합니다.

《시크릿》에서 말하는 끌어당김의 법칙은 3단계로 나뉘어 설명됩니다.

1. 구하라.

2. 믿어라.

3. 받아라.


제일 먼저 자신이 원하는 것을 정확히 알아야 하고 그것을 구해야 합니다. 그리고 그것이 나에게 올 것임을 믿어야 하고, 상상을 통해 이미 그대로 이루어졌다는 느낌을 가져야 합니다. 그러므로 원하는 것을 강력하게 상상하고 이미 된 것처럼 느껴야 합니다.

어떤 의심의 씨앗도 있어선 안 됩니다. 그러면 그 일이 나에게 마법처럼 일어나게 됩니다. 이것이 《시크릿》에서 말하는 소원을 이루는 마법입니다.


이 원리는 '끌어당김의 법칙'이라고 하여, 같은 성질의 것은 서로 끌어당긴다는 이론입니다. 내가 먼저 강력하게 생각하면 자석처럼 원하는 것들이 끌어당겨져서 내 눈앞에 펼쳐진다는 것입니다.

역사적으로 이 비밀을 알았던 사람들이 세상을 지배했고 주도했습니다. 정치, 경제, 문화, 예술 전반에 지대한 영향력을 발휘한 사람들은 이 비밀을 이미 알았던 사람들입니다.

저는 마음공부를 시작하면서 이 《시크릿》의 세계에 대해서 다시 한 번 들여다보기 시작했고, 어떻게 소원이 이루어질 수 있는가에 대한 연구를 시작했습니다.

'정말 구하고 믿고 이루어졌다고 상상하면 소원이 이루어질까?'

# 17

## 실천과 인내가 더 중요하다

너무나도 매력적인 '끌어당김의 법칙'을 이용하면 누구나 부
와 풍요, 건강을 누릴 수 있을까요? 정말 이건 세상의 1% 사람
들만 알고 있었던 비밀일까요? 정말 세상은 이 비밀을 알고 있
는 사람과 모르고 있는 사람 둘로 나뉘게 되는 걸까요?

확실한 것은 이 책으로 비밀이 전 세계에 알려졌고 10년이 지
났지만, 세상은 여전히 크게 변한 것이 없다는 것입니다. 많은
사람이 부와 풍요와 명예를 얻기 위해 애쓰고 있지만 빈부격차

는 더욱 극심해졌고, 가난, 전쟁, 사회 불안 등으로 인한 국내외의 불안정한 정세는 여전히 혼란스럽기 그지없습니다.

즉 많은 사람이 대단한 비밀을 알게 되었지만, 대다수의 인생엔 큰 변화가 일어나지 않았다는 것입니다. 책에서는 이 비밀이 세상에 알려지면 대단한 일이 벌어질 것처럼 묘사했지만, 이토록 널리 비밀이 퍼졌음에도 세상은 바뀌지 않았습니다. 전 이 부분에 큰 의심을 품게 되었습니다.

'왜 비밀을 알아도 세상은, 삶은, 사람은 변하지 않았을까?'

나름의 연구를 거듭한 끝에 이 책은 치명적인 오류와 한계를 담고 있음을 알게 되었습니다. 바로 '시크릿'은 소원풀이용 테크닉이 아니었던 겁니다. 그건 그냥 세상의 법칙 그 이상 이하도 아니었습니다. 그래서 이 방법을 의도적으로 사용한다고 해도 한계가 있으며, 지속적인 효과도 거두기 힘듭니다. 어쩌다 한두 번은 끌어당김을 통해 원하는 것을 끌어당길 순 있지만, 인생 전체를 송두리째 바꾸는 사람은 소수에 불과합니다.

그래서 《시크릿》이란 책의 한계에 대해 두 가지를 알려드리고자 합니다.

## 첫 번째 오류 : 믿음의 한계

우리는 소원을 빌고 그 소원이 이루어지길 소망합니다. 하지만 누군가는 소원이 정말 이루어질까 하는 의심을 품은 채 기도를 하고, 또 누군가는 자신의 소원이 이루어질 것임을 강력하게 믿으며 기도를 합니다. 바로 이 차이입니다.

소원이 이루어질지 이루어지지 않을지 의심하며 기도를 하는 사람과 자신이 바라는 것을 분명히 알고 그것이 될 것임에 미리 감사 기도까지 올리는 사람의 신념 체계는 완전히 다릅니다.

의심없이 믿고 구하는 믿음이 있어야 끌어당김의 법칙도 가능해집니다. 믿음이란 산을 넘지 못하면 응답이라는 보물창고에 다다를 수 없습니다.

가장 강력한 믿음은, 될 것임을 알고 있는 것입니다. 바라는 마음이 아닌, 될 것이라는 믿음을 가지고 있어야 합니다. 하지만 이 믿음은 말처럼 쉽지 않습니다. 우리는 입으로는 믿는다고 하지만, 마음 속 깊은 곳에서는 끊임없는 의심과 두려움을 가지고 있습니다.

하지만 책에선 단지 '믿어라'라고만 이야기하고 있습니다. 그러면 사람들은 '그래! 까짓것 믿으면 되지 뭐!'라고 쉽게 생각하고, 스스로 믿고 있다고 착각합니다. 믿으려 노력하는 것, 그런 마음을 가져보고자 시도하는 것은 인위적인 믿음입니다.

믿음은 노력이 아닌 믿음 체계에서 저절로 일어나야 하는 일입니다. 창조는 깊은 내면에 있는 강력한 믿음 체계, 내 마음 깊은 곳에서 진실로 믿고 있는 것으로 이루어집니다. 끌어당김의 법칙이 번번이 실패하는 이유는 우리가 소원하는 것들을 진심으로 믿지 않기 때문입니다.

만약 그게 가능했다면 누구나 생각하는 것처럼 다 부자가 되고, 모든 풍요를 다 쓸어 담았을 겁니다. 하지만 생각보다 우리 마음은, 많은 두려움과 조급함, 의심과 시기심을 지니고 있습니다. 그런 마음들은 우리의 꿈을 끝까지 방해할 것입니다.

"그럼 당장 해결책이 무엇인가요? 믿음을 가지려면 어떻게 해야 하나요?"

제 생각에 방법은 딱 하나밖에 없습니다. 믿을 수 있는 꿈만 꾸는 것입니다. 이것은 어떻게 보면 당연한 겁니다. 내가 먼저 꿈을 결정해 놓고 마음보고 믿으라고 강요하는 것이 힘들다면, 그냥 내가 믿을 수 있는 꿈만 꾸는 것입니다.

그럼 또 이렇게 질문할 수 있습니다.

"그럼 작은 꿈만 꾸게 되잖아요. 저는 큰 꿈을 꾸고 싶어요!"

그럼 그 대답도 명확합니다.

"큰 꿈은 그저 방향입니다. 큰 꿈은 방향으로 두고, 작은 꿈을 먼저 꾸세요!"

맞습니다. 무조건 '큰 꿈을 꾸세요. 당신은 이룰 수 있습니다. 그리고 믿으세요'라고 말하는 책들은 머리로는 알지만 마음은 잘 따라주지 않아 우리를 힘들게 합니다.

모두의 마음 상태가 똑같진 않습니다. 누군가는 이런 맹목적인 믿음이 너무 쉬운 반면, 누군가는 쉽게 믿지 못합니다. 왜냐하면 머리와 마음이 화합을 이루는 것은 너무 어렵기 때문입니다.

그렇다면 차선책으로 마음이 알고 있고, 특별히 의심할 여지가 없는, 내가 노력하면 충분히 이룰 수 있는 작은 꿈을 먼저 꾸면 됩니다. 그리고 그 소원이 이루어진다면, 다음 단계의 소원을 또 기도하면 됩니다. 그런 작은 목표들이 성취되는 경험을 거치면, 내 마음도 조금씩 나에 대한 믿음을 높이면서, 나의 신념 체계는 조금씩 견고해질 것입니다.

작은 꿈을 먼저 이루면서, 큰 꿈으로 향하세요. 그러면 마음은 조금씩 당신을 의심하지 않게 됩니다.

믿음 체계를 바꾸는 작업은 하루아침에 되는 것이 아닙니다. 하지만 불가능한 것은 아닙니다. 내가 나 스스로와 이 세계를 신뢰하고 있다면 믿음은 너무나 쉬운 것입니다. 누군가에게 이것은 너무 쉬웠고, 당연한 것이었습니다. 그래서 몇몇 사람들은 기적을 자주 만납니다. 그리고 마치 마법을 부리는 듯 너무 쉽게 소원을 이룹니다.

두 번째 오류 : 실천력

그저 강력하게 상상하고 믿으면 하루아침에 원하는 것들이 이루어질까요? 이 책의 두 번째 치명적인 오류는 바로 실천력과 인내력에 대한 부분이 빠져있다는 것입니다.

물론 요술지팡이와 마법과 같은 효능은 극적인 드라마적 효과로 활용되어, 사람들을 현혹시키기 충분한 마케팅적 요소이긴 합니다.

하지만 끌어당김의 법칙은 생각만으로 세상을 움직이고 재조립해야 하는 어마어마한 작업입니다. 예를 들어 아직 피지 않는 꽃봉오리를 보며 "피어라! 피어라!"라고 아무리 주문을 건다고 해도 꽃이 바로 피지 않는 것과 같습니다.

생각으로 세상을 움직이는 것은 그렇게 하루아침에 별 노력 없이 이루어지는 것이 아닙니다. 이에 대한 언급이 빠진 것은 정말 치명적인 오류인 것 같습니다.

바라는 마음은 이미 저 하늘 높이 솟아 있는데, 노력과 인내로 채우려는 열정은 그 발꿈치만큼도 미치지 못한다면, 눈을 감고 강력하게 상상하면 끌어당김의 법칙이 작용할 것이라는 꿈은 헛된 꿈이 되는 것입니다.

> 원하는 모습을 강력하게 상상했다면, 작은 행동이라도 취해야 합니다. 작은 실천이라도 게을리하지 않고 멈추지 않으면, 그것이 강력한 힘을 발휘하게 됩니다. 믿음도 중요하지만 그에 못지 않게 실천하며 인내하는 것도 중요합니다.

원하는 모습을 강력하게 상상했다면, 작은 행동이라도 취해야 합니다. 그것이 실천력입니다. 강력한 실천력이란 무엇인가 대단한 것을 빨리 시작하라는 것이 아닙니다. 작은 실천이라도 게을리하지 않고 멈추지 않으면, 그것이 강력한 힘을 발휘하게 됩니다.

작고 미개한 개미들이 한편으로 위대한 건, 그렇게 많은 일을 해내면서도 불평하지 않는 것입니다. 저 스스로 해야 할 것들을 아주 작은 힘이라도 꾸준히 보태어, 될 때까지 몸을 가만히 두지 않습니다. 그렇게 행동할 수 있는 원동력은 충실하고 게을리 하지 않는 실천에서 비롯된 것입니다. 개미는 그것을 본능으로 갖고 태어납니다.

실천은 어떤 일이 닥쳐도 그것을 믿음으로 버티고 삶에 정성을 더하는 자세로 임해야 합니다. 한걸음이라도 앞으로 나아갔다면, 여러분의 소원은 강력한 동력을 얻게 됩니다.


버텨야 합니다. 버티지 못한다면 그 어떤 씨앗도 꽃으로 피지 못하고 죽습니다. 꽃은 인내를 가지고 기다려야만 필 수 있습니다.

무수한 씨앗을 여기저기 심어놓고는, 빨리 싹이 보이지 않는다고 땅을 파서 꺼내보고 있지는 않습니까? 우리는 생각보다 인내하지 못하고 버텨내질 못합니다. 버티는 시간이 참으로 더디고 힘들기 때문입니다. 잘 될 것 같다는 느낌이 사라지면, 잘 안될 것 같은 느낌이 너무 강하게 고개를 들기에 버티는 게 힘이 듭니다.

책에서는 실천력과 인내의 중요성을 말하지 않고 마법적인 상상이라는 것을 적극적으로 설명했습니다. 하지만 그것만 해서는 절대 되지 않습니다. 믿음도 중요하지만 그에 못지 않게 실천하며 인내하는 것도 중요합니다.


끌어당김의 법칙은 너무나 소중한 정보이면서도, 동시에 사람들에게 허황된 마음을 심어주기도 합니다. 저 역시 희망을 품고 원하는 세상을 끌어당기려 무던히 시도해 봤지만, 몇 가지는 종종 성공하는가 싶지만, 결국 모든 것이 이루어지진 않았습니다.

오히려 잦은 실패로 인해 자신감이 떨어지면 마음의 힘을 의심하게 되고, 자신을 신뢰하지 않는 일까지 벌어집니다. 차라리 시도조차 하지 않았을 때보다 더 좋지 않은 결과를 낳게 되는 것입니다.

몇몇 사람의 삶이 변화되었다면 그건 믿음과 실천이 함께 일 궈낸 결과일 것입니다. 끌어당김의 법칙은 창조의 비밀을 담고 있는 과학적인 접근이지 요술지팡이 사용법이 아닙니다. 그래서 보상은 10년 후에 올지 20년 후에 올지 모릅니다. 결과의 세상은 우리 영역이 아닙니다. 우린 오로지 과정에만 관여할 수 있습니다. 그저 기다림의 시간을 믿음과 정성으로 채우십시오. 그러면 저절로 이루어집니다.

진지한 소망은 확신이 담긴 기대를 발생시키고, 이것을 다시 굳게 요청함으로써 강화되어야 합니다.

찰스 해낼은《성공의 문을 여는 마스터키》에서 이렇게 말했습니다.

"감정이 생각에 생명력을 주고, 의지가 생각을 흔들리지 않게 하여, 성장의 법칙에 따라 마침내 생각이 현실화되기 때문이다."

# 물리학과 마음

이 세상은 무엇으로 만들어졌을까요?

나라는 사람, 내가 사는 지구, 하늘의 별, 우주는 어떤 원료로 만들어졌을까요? 세상 모든 물질의 원료를 알아내는 방법은 결국 과학밖에 없습니다. 과학적으로 모든 물질을 최소 단위로 쪼개보는 연구를 하는 것이죠.

물질을 계속 작게 분해하면 마지막엔 무엇이 남을까요? 물질을 쪼개고 쪼개서 최소 단위의 물질까지 도달합니다. 그런데 신기한 건 눈에 보이는 물질을 쪼개다 보니 어느새 눈에 보이지 않는 미지세계에 이르게 되고, 빛, 전자, 광자의 세계에 이르게 됩니다. 얼마나 잘게 쪼개었는지 가늠이 되시지요?

과학자들은 물질을 자르다 '분자'를 알게 되었고, 분자까지 쪼개다보니 이를 구성하는 것은 '원자'라는 것을 알게 되었습니다. 원자는 더 이상 쪼갤 수 없는 최소 단위의 에너지입니다. 원자는 가운데 원자핵이 있고 그 주위를 전자가 뱅뱅 돌고 있습니다. 따라서 원자 대부분의 질량은 원자핵이 가지고 있지만, 놀랍게도 원자는 거의 비어있는 빈 공간에 가깝다고 합니다. 결국 원자는 진동하는 진동 덩어리라는 표현이 더 맞습니다.

다시 원자까지도 잘게 잘라 연구해낸 '양자'의 세계는 과학계를 발칵 뒤집게 됩니다. 그리고 그 후 물리학 역사는 고전물리학과 양자물리학으로 분류되기에 이릅니다. 고전물리학은 인과의 법칙 안에 수학공식처럼 고정되어 있다면, 양자물리학은 그야말로 에너지가 운동하며 변수를 일으키는 미지의 이론입니다.


이 복잡하고 알쏭달쏭한 물리학의 이야기를 제 짧은 지식으로 토해내는 이유는 세상을 구성하는 기본 재료는 놀랍게도 작은 입자들의 운동, 즉 진동이라는 것을 말씀드리기 위해서입니다.

세상의 모든 물질을 자르고 자르면 거의 빈 공간에서 진동하는 진동 덩어리만 남습니다.

이해가 어렵다면 쉽게 말해 세상을 구성하는 최소단위의 재료는 손으로 만질 수 있는 물질은 아니라는 것입니다. 그저 찌릿찌릿 움직이는 에너지의 진동일뿐입니다.

에너지의 세계를 이해하기가 힘들다면 원자, 분자, 양자의 세계로 풀어놓기보다는 그보다 익숙한 전자로 설명해 보면 어떨까 싶습니다. 전자는 기계를 움직이게 하는 에너지입니다. 컴퓨터, 가전제품, 형광등, 빛, 열 등 모두 전자 에너지가 사용됩니다.

우리는 전자의 힘을 알고 있고, 전자를 활용할 수 있습니다. 하지만 그 어마어마한 힘을 가지고 있는 전자를 직접 눈으로 볼 수는 없습니다. 그건 물리적인 형체가 아닌 그저 움직이는 힘이기 때문입니다.

양자물리학에 있어 충격적인 연구 결과가 나온 실험이 있는데 그건 그 유명한 '이중슬릿' 실험입니다. 이 실험을 통해 알게 된 것은 신기하게도 전자는 입자이기도 하면서 파동의 성질을 갖고 있다는 것입니다. 즉 알갱이이면서 진동(운동) 덩어리란 것입니다. 그리고 진동은 관찰자 즉 누군가 지켜보고 있으면 다른 형태로 움직인다는 것을 알게 되었습니다.

이게 도대체 무슨 말일까요? 사실 우리 인간도 육체를 갖고 있으면서도, 진동하고 있는 에너지 덩어리입니다. 에너지들이 뭉쳐 무거운 물질을 이루었다 뿐이지, 모든 물질은 여전히 지지직거리며 운동을 하고 있습니다. 저를 비롯해 온 세상은 진동하고 있는 파동 덩어리인 것입니다.

파동들이 일정한 곳으로 뭉쳐 흐르면 주파수가 됩니다. 우린 그 주파수를 인위적으로 만들어 라디오를 들을 수도, 텔레비전을 볼 수도, 스마트폰을 사용할 수도 있습니다. 우린 와이파이를 잡아서 스마트폰을 이용할 순 있어도, 와이파이의 파동을 직접 볼 수는 없습니다. 이처럼 전자 에너지는 눈에 보이지 않지만 강력한 힘을 가지고 있습니다.

그러면 왜 마음을 공부하면서 이런 주파수, 파동에 대한 이야기를 할까요? 인간도 언제나 파동을 내보내고 있기 때문입니다. 우리는 파동을 보내면서 내 주위 세상을 창조합니다.

비밀은 여기부터입니다. 진동하는 에너지가 좋은 에너지이면 좋은 주파수의 세상이 반응합니다. 진동하는 에너지가 부정적이면 나쁜 주파수의 세상도 함께 진동하며 나에게 다가옵니다.

즉 우리가 어떤 에너지를 내보내고 있느냐가 세상 창조의 비밀입니다. 그리고 영적 스승들은 에너지의 진동은 마음과 깊은 관련이 있다고 말합니다.

> 우리는 뭔가 잘못 됐을 때 하늘을 원망하고 세상을 원망하지만 세상은 아무 책임이 없습니다. 세상을 활성화시킨 내 주파수의 입력값에 따라 움직였을 뿐입니다. 그러므로 모든 책임은 나의 파동, 나의 마음에 있음을 기억해야 합니다.

예부터 내려오는 말 중에 '세상은 마음먹기 나름'이라는 말이 있습니다. 어떻게 세상이 마음먹기 나름일까요? 마음 상태에 따라서 진동하는 에너지, 즉 주파수가 달라지기 때문입니다.

내가 보내는 파동은 주파수가 되어 흐르고, 일관적인 주파수의 운동은 비슷한 세상을 끌어당겨옵니다. 따라서 우리의 마음과 주파수는 긴밀한 관계를 가지고 있습니다.

우린 입자인 동시에 파동 덩어리입니다. 지금 여러분은 무슨 파동을 보내고 있고 어떤 에너지 알갱이를 조합하며 창조하고 있나요? 어떤 명령어로 진동하고 있고, 그로 인해 어떤 세상을 활성화시키고 있나요?

우리는 뭔가 잘못 됐을 때 하늘을 원망하고 세상을 원망하지만 세상은 아무 책임이 없습니다. 세상을 활성화시킨 내 주파수의 입력값에 따라 움직였을 뿐입니다. 그러므로 모든 책임은 나의 파동, 나의 마음에 있음을 기억해야 합니다.

# 19

## 생각의 비밀

생각이란 무엇일까요? 정말 철학적이고 어려운 질문이 아닐 수 없습니다. 저는 생각이란 레이저빔같이 세상에 쏘아 올리는 에너지 덩어리라고 생각합니다. 생각이란 실체를 우리는 눈으로 볼 수는 없습니다. 그건 그저 에너지로만 방출됩니다. 하지만 에너지가 모이고 모이면 물질화가 이루어집니다. 그래서 어떻게 보면 생각은 물질이기도 합니다.

예를 들어 첫눈에 반한 이성을 만나면, 온 몸에 전율이 일어나는 것처럼 떨게 됩니다. 그건 뇌의 정신적 화학 작용으로 인한 명령일 뿐이지만, 명령을 받은 온 몸은 실제로 진동하게 됩니다.

생각이란 끊임없이 방출되는 에너지입니다. 그리고 강한 생각은 강한 진동을 일으키고, 세상에 명령을 보냅니다. 나로부터 출발한 그 에너지들은 내 주위 세상의 형체를 만들어 나갑니다. 그래서 지속적으로 강력한 생각을 하면 그에 걸맞는 세상이 펼쳐지게 되는 것입니다.

빨강색 크레파스로 칠하면 빨강색 그림이 완성되고, 파랑색 크레파스로 칠하면 파랑색 그림이 완성되는 것과 같습니다. 우리가 끊임없이 하는 생각이 현실이 됩니다.

나도 에너지고 세상도 에너지라면 우리는 생각으로 그림을 그리고 있는 중이기 때문입니다. 이것이 바로 생각의 비밀입니다.


누군가를 미워하고 있으면, 그 상대의 미운 행동이 자꾸 눈에 거슬립니다. 다른 사람들은 잘 보지 못하는데, 내 눈엔 너무 잘 보입니다. 그건 상대를 미워하는 나의 생각이, 미운 짓을 골라하는 사람을 그려냈기 때문입니다.

세상은 버겁고 힘든 것이라고 생각한다면, 빠듯한 수입과 고단한 삶을 지속적으로 경험하게 됩니다. 세상에 내세울 게 없

는 부족한 사람이라고 생각한다면, 이상
하게 인정받을 만한 기회는 생기지 않고,
무시당할 일만 늘어갑니다. 따라서 지금,
어떤 생각을 세상에 내보내고 있는지 점
검해야 합니다.

> 지속적으로 긍정적인 희망을 품고,
> 반짝이는 눈빛으로 세상을
> 바라보기 바랍니다. 그러면
> 그 생각대로 내 미래는 빛나게 될
> 것입니다. 그것이 나를 좋은 곳으로
> 이끄는 생각의 비밀입니다.

여러분은 어떤 생각을 하고 있나요? 여러분은 어떤 에너지를
방출하고 있나요? 여러분은 어떤 마음가짐으로 살고 있나요?

우리가 그 진동을 감지하려면 잠깐 멈춰서 객관적으로 나와
이 세상을 지켜봐야 합니다. 깨달음이란 나로부터 시작해야 합
니다. 내가 어떤 에너지의 사람이고, 어떤 생각을 내보내며, 주
위 사람들에게 어떤 영향을 끼치는 사람인지 깨달을 수 있어야
합니다.

내 안에 갇히면 위험합니다. 그래서 바깥에서 나를 바라본다
는 생각으로, 객관적으로 바라볼 수 있는 지혜가 필요합니다.

1. 어떤 불편한 감정이 들면 바로 멈춘 다음 심호흡을 하십시
오. 그리고 지금 이것이 어떤 상황인가 객관적인 관객의 시선으
로 바라보기 바랍니다.

2. 너무 기쁘고 흥분되는 마음에 들떠있으면 조용한 곳으로 들어가 눈을 감고 심호흡을 하십시오. 들뜬 에너지는 거품처럼 한꺼번에 가라앉을 수 있으니, 마음을 차분히 하기 바랍니다.

3. 무기력하고 우울한 마음이 든다면, 조용히 눈을 감고 나를 느껴보기 바랍니다. 그리고 일어나 빛으로 걸어 나아가는 모습을 상상하십시오. 어둠에서 빛으로 빠져나가는 상상은 나를 어둠의 에너지로부터 구해줄 수 있습니다. 우울함이 세상을 더욱 무겁게 만들 수 있으므로 어둠에서 빠져나와야 합니다.

그리고 평정을 찾아야 합니다. +도 아니고 -도 아닌 그저 0의 상태로 나를 놓아두기 바랍니다. 저는 그 상태를 평화로움의 상태라 생각합니다. 그 상태가 되어야 내 에너지를 잘 감지할 수 있습니다. 그저 바라보고 평안하십시오.

우리가 살면서 생각의 힘을 이용할 수만 있다면, 대단한 정신적 자산을 갖고 있는 것입니다. 하지만 그 힘을 믿지 않는다면 삶은 변하지 않습니다. 그저 똑같은 패턴 속에서 똑같은 생각만 반복하다보면 삶도 그렇게 반복될 것입니다.

지속적으로 긍정적인 희망을 품고, 반짝이는 눈빛으로 세상을 바라보기 바랍니다. 그러면 그 생각대로 내 미래는 빛나게 될 것입니다. 그것이 나를 좋은 곳으로 이끄는 생각의 비밀입니다.

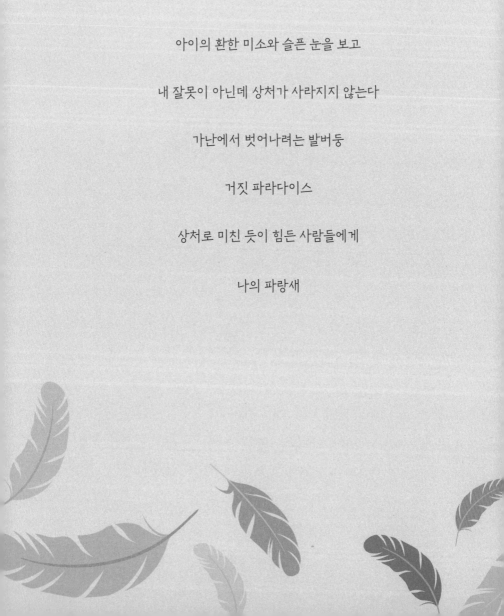

아이의 환한 미소와 슬픈 눈을 보고

내 잘못이 아닌데 상처가 사라지지 않는다

가난에서 벗어나려는 발버둥

거짓 파라다이스

상처로 미친 듯이 힘든 사람들에게

나의 파랑새

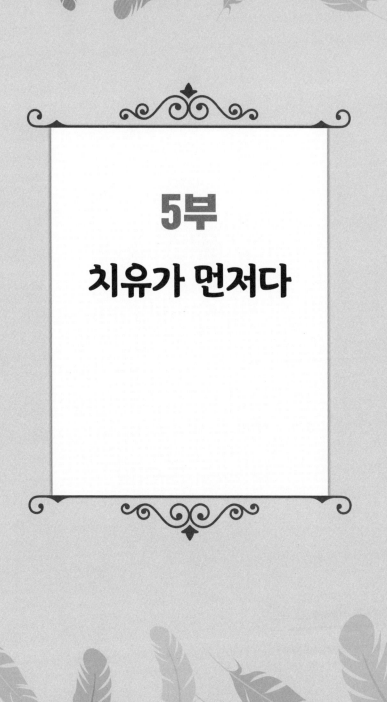

5부

치유가 먼저다

행복은 다른 사람의 시선 속에 있는 것이 아니라

바로 나의 마음속에 있다.

– 장샤오헝

# 20

## 아이의 환한 미소와
## 슬픈 눈을 보고

이것은 꿈일 수도 있고 환상일 수도 있다.

나는 어느 시골길을 걷고 있었다. 사람이 사는 곳 같았지만 집들이 너무 듬성듬성 있었다. 풀잎의 아삭거림, 시골 개들의 짖는 소리가 고요함 속에 정겨운 소리를 입히고 있었다.

기분 좋게 길을 걷다 보니 동네 꼬마들이 왁자지껄 떠들며 뛰어노는 모습이 보였다. 한적한 시골 마을에 울리는 아이들의 목소리는 너무 정겨웠다.

"오빠! 어디가!"

저쪽에서 몇몇 아이들이 막 도망치는 모습과, 작은 여자아이 하나가 그들을 쫓아가는 모습이 보였다.

보아 하니 동생을 챙기기 귀찮아 떼어놓고 도망가는 거 같았다. 여자아이는 작은 걸음으로 열심히 따라갔지만 오빠들을 따라잡진 못했다.

여섯 살쯤 되어 보이는 작은 여자아이는 목을 놓아 울기 시작했다. 하지만 한산한 시골길에서 그 아이의 울음을 듣고 위로해 줄 어른도 없었고, 멀어져 가는 오빠들도 되돌아올 기색이 없어 보였다.

여자아이는 포기가 빨랐다. 자신이 울어봤자 아무 소용없음을 느낀 꼬마 아이는 씩씩하게 눈물을 닦고 나무 밑으로 향하고 있었다.

나는 측은한 마음에 그 여자아이에게 다가갔다. 그리고 부드럽게 말을 건넸다.

"오빠들 엄청 못됐다~ 그치?"

어린 꼬마는 눈물로 꼬질꼬질해진 얼굴을 들고 나를 올려다 보았다.

근데 그 순간 이상하게 전율이 일어났다. 그 여자아이는 나인 것처럼 익숙했고, 안아주고 싶을 정도로 마음이 아리었다.

아이는 낯선 사람을 경계하는 눈빛을 보내며 좀처럼 경계를 풀지 않았다.

나는 마침 주머니 안에 있던 막대사탕을 꺼내 주었다. 세상에 막대사탕이란 것을 처음 보는 듯, 아이는 들뜨기 시작했다.

지금 이곳은 내가 생각했던 거보다 더 옛날인 거 같다.


'타임머신을 타고 과거로 왔나? 지금 꿈을 꾸고 있는 걸까? 이 아인 누구인가?'


사탕에 매료된 아이는 허겁지겁 껍질을 벗겨낸 후 입에 넣어 물었다. 곧 아이는 놀라움과 기쁨의 얼굴로 빛나기 시작했다. 살면서 처음 막대사탕을 맛본 듯 보였다.


"맛있니?"

부드러운 미소로 아이에게 물었다. 마침내 긴장을 푼 아이는, 세차게 고개를 끄덕이며 나를 올려다 보았다.

그런데 그 순간, 나는 숨이 멎고 몸이 목석처럼 굳어버림을 느꼈다.

그 눈동자는 내가 아는 눈동자였다. 물론 이보다는 훨씬 탁하고, 눈꺼풀이 쳐져 이토록 동그랗고 초롱초롱 빛나지는 않지만 분명 내가 아는 눈동자였다.

이 아이는 내 엄마였다.


우리 엄마는 나이 차이가 많이 나는 언니 오빠들을 여럿 둔 막둥이였다. 작은 시골마을에서 바쁜 부모님을 대신해 언니 오빠들의 손에 키워졌다. 분명 이 아이는 커서 나이를 먹고 어른이 되면 나의 엄마가 된다.

믿을 수 없는 광경이 펼쳐졌지만 놀라움보단 슬픔이 내 온몸을 가득 채움을 느꼈다.

내 슬픔의 원인은, 잘은 몰라도 아마도 이 작은 꼬마의 미래를 누구보다 잘 알고 있기 때문이 아닐까?


이 아이는 지금은 아무것도 모른다.

앞으로 곧 아버지가 돌아가시고, 가난으로 허덕이는 삶이 기다린다는 것을.

공부를 더 하고 싶어도 가정을 위해 희생을 해야 한다는 것을.

어린 나이에 결혼해 슬하에 세 명의 자녀를 두고, 평생 몸이 부서져라 일하며 아이들을 키우지만, 늘 생활비가 모자라 밤마다 몰래 한숨과 눈물을 지을 것이라는 것을….

하지만 아이들 앞에서 나약한 모습을 보이고 싶지 않아, 늘 웃고 씩씩한 연기를 한다는 것을….

그러다 막내아들의 죽음으로, 자식을 먼저 하늘나라로 떠나보내는 고통을 겪어야 한다는 사실을.

그로부터 아주 오랜 시간, 괴로움으로 가슴을 찢어가며, 젊은 세월을 모두 보낸다는 것을.

너무 많은 고통과 아픔으로 깊은 주름과 멍든 가슴으로 살지만 그래도 남은 딸들을 위해 이를 악물고 버틴다는 사실을.

평생, 단 하루도, 마음 편히 쉬지 못한다는 사실을.


앞으로 펼쳐질 그녀의 50년 인생사를 다 아는 나는 그 꼬마 아이가 참으로 불쌍했다. 미안하고 안쓰러웠다.

'너는 이렇게 해맑고 예뻤는데, 도대체 삶이 너를 어떻게 한 거니?'

가시밭길 같은 이 꼬마 아이의 미래가 너무 슬펐다.

같은 여자로서, 같은 엄마로서, 이 여자아이의 기구한 삶이 너무 아프고 가여웠다. 하지만 지금 당장 아무것도 해줄 게 없었다.

저 싸구려 막대사탕도 너무도 귀하게 먹는 아이에게, 맛있고 좋은 거라도 잔뜩 사주고 싶지만 여긴 꿈속이고 환상속이다. 타임머신을 타고 잠깐 시간여행을 하고 있는지도 모르겠다.

나는 그녀를 꽉 껴안아 주었다. 해줄 게 없었고, 눈에 고인 눈물을 보이고 싶지 않았다. 꼬마 아이는 놀란듯했지만 가만히 있었다.

생각보다 아이는 너무 작았다. 뼈도 가늘고 얼굴도 작고 손도 단풍잎만큼 작았다.

그 작고 작은 아이가 너무 가여워 나는 슬피 울었던 거 같다. 주체할 수 없어 마구 흐느꼈지만, 그 아이에겐 보여주고 싶지 않았다.

왠지 내 눈물을 보면 슬퍼할 거 같았다. 이 아이는 나의 엄마니까.

이제 시간이 되었다. 돌아가야 함을 느꼈다.

마지막으로 무슨 말이라도 해주고 싶었다. 고맙다고 이야기 하고 싶었다. 나를 이 세상에 태어나게 해주고, 포기하지 않고 살고, 열심히 키워줘서 고맙다고 말하고 싶었다.

> 앞으로 펼쳐질 그녀의 50년 인생사를 다 아는 나는 그 꼬마 아이가 참으로 불쌍했다. 미안하고 안쓰러웠다. 아이가 빛으로 사라지기 직전 그 아이는 웃고 있었지만, 눈은 슬펐다. 환한 미소와 슬픈 눈물을 함께 보았다.

하지만 말을 해도 꼬마가 알아듣지 못할 게 뻔해, 말하지 못했다.

다시 한 번 아이의 얼굴을 바라보았다. 분명 어린 꼬마 아이였지만 익숙한 엄마의 얼굴이었다. 난 50년 후의 이 아이의 얼굴을 알고 있다.

'우리 엄마도 이렇게 뽀송하고 싱그러웠구나.'

내가 태어난 순간부터 엄마는 그냥 엄마였다. 하지만 엄마도 한때는 이렇게 작은 아이였다. 난 상상조차 하지 못했다.

"반가웠어. 조만간 또 만나자."

이 말은 진실이기도 했다. 20년 후에 뱃속에서 나를 만날 테니까.

이제 돌아가야 한다. 돌아서 걷는데 이렇게 발이 무거웠던 적은 없었다.

마지막으로 그녀를 돌아보았다.

그런데 그 순간, 난 끝까지 온 힘을 다해 버텨온 마음이, 모래처럼 부서지는 진동을 느꼈다.

아이는 웃고 있었다. 너무나 밝게, 얼굴이 찢어져라 환하게 웃고 있었다. 너무 순수하고 맑은 미소였다. 살면서 저렇게 아름다운 미소는 본 적이 없었다. 난 눈이 부셔서 쳐다보지도 못할 정도로 그 얼굴에 압도되었다.

그리고 아이는 무슨 이야기를 하고 있었다. 입으로 말하지 않아도 눈빛으로 말하고 있었다. 분명히 들렸다.

'난 괜찮으니 걱정하지 말라고.'
'너를 만나 행복했다고.'

'못난 엄마라 너무 미안했다고.'

아이가 빛으로 사라지기 직전 그 아이는 웃고 있었지만, 눈은
슬펐다.

환한 미소와 슬픈 눈물을 함께 보았다.

# 21

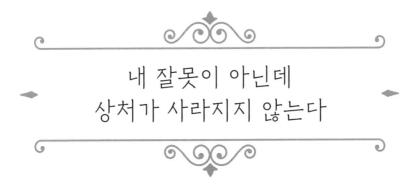

## 내 잘못이 아닌데
## 상처가 사라지지 않는다

저는 긍정적인 사람입니다. 그리고 좋지 않은 기억은 빨리 잊으려고 애쓰는 편이라 마음속에 응어리가 생길 정도의 큰 상처는 없습니다. 그런 저에게 깊은 한이 되어 가슴을 짓누르는 사건이 하나 생겼습니다. 이 기억은 평생 마음속에 깊이 박힌 돌덩어리로 치워지지도 않습니다. 동생이 사망하기 바로 전날 아침에 있었던 일입니다.

동생과 저는 같은 초등학교에 다녔지만 학년이 달라 교실로 들어가는 입구가 달랐습니다. 동생은 항상 자기가 들어가는 쪽으로 같이 들어가자고 떼를 썼습니다. 저는 먼 길로 돌아가는 게 귀찮아 들어줄 때도 있고, 싫다고 거절할 때도 있었습니다. 기분 따라 선택은 달라졌습니다.

그 날 아침, 동생은 아침부터 배가 아프다고 했습니다. 동생은 저에게 신발주머니를 들어달라고 했습니다. 하지만 "그냥 네가 들어"라며 거절했습니다. 힘겹게 학교에 도착한 동생은 자기랑 같은 입구로 들어가자고 했습니다. 몸이 안 좋아서 계속 조를 힘도 없었는지 떼를 쓰지는 않았기에 그것도 귀찮다고 말하고, 동생을 뒤로하고 저의 교실로 향했습니다. 그냥 그날도 여느날과 비슷한 평범한 날이었습니다. 하지만 그 모습이 동생의 마지막 모습이었음을 그 때는 몰랐습니다.

동생은 그날 배가 너무 아파 조퇴를 하고 엄마와 병원에 갔습니다. 병원에서 맹장이 터졌다고 해서 서둘러 수술을 받았습니다. 수술은 잘 끝났지만 동생은 마취에서 깨어나지 못했고, 그대로 하늘나라로 떠났습니다. 마취가 잘못된 의료사고였습니다.

이 글을 쓰는 지금도 그 날을 생각하면 마음이 아리고 후회가 됩니다. 저의 한은 그 날 아침에 동생에게 했던 말과 행동 때문입니다. 그때 저는 열두 살밖에 안되는 철없는 아이였고, 동생이랑 맨날 투닥투닥 싸우는 말괄량이 누나였습니다. 진심으로 그게 평생의 마지막 기억이 될 줄은 정말 몰랐습니다.

- 배가 아프다던 동생의 실내화 가방을 들어주지 않은 나
- 아픈 동생이 데려다 달라고 한 것을 귀찮다고 거절한 나

나에 대한 기억이 강하게 마음속에 응어리로 자리 잡았습니다. 마지막 날의 이 기억으로 평생 죄책감을 지우지 못하며 살았습니다. 제 잘못으로 동생이 하늘나라에 간 것은 아니지만 동생의 마지막 모습은 저를 한없이 후회하게 만들었고 한없이 괴롭혔습니다.

아들이 귀했던 집안에 태어난 귀엽고 똑똑한 아들 녀석이었는데 그렇게 어린 나이에 세상을 떠난 것을 저는 받아들이지 못했습니다.

'차라리 내가 죽었어야 하는데…'

마음 아프게도 그런 생각까지 했습니다. 지금 생각하면 그런 생각을 했던 어린 시절의 제가 참으로 안쓰럽습니다. 후회로 몸부림치던 저는 "너는 아무 잘못이 없다, 너의 잘못이 아니다"는 말을 듣고 싶었지만 그때 당시, 어느 누구도 저에게 그렇게 말해준 사람이 없었습니다. 모두 다 힘들었기 때문입니다. 엄마와 아빠는 아들의 죽음을 받아들이는 것이 지옥같았을 테니 저의 아픔을 보듬어 줄 여유가 없었던 것입니다.

저는 그 마지막 기억으로 무척 괴로운 세월을 보냈습니다. 실내화 가방을 들어주지 못했던 것, 교실까지 함께 가주지 못한 것, 많이 아프냐고 물어봐주지 못한 것.

모든 것이 후회되고 동생에게 미안했습니다. 그것은 상처를 넘어 한이 되었습니다. 저의 청소년기의 출발은 이렇게 후회와 죄책감으로 시작했습니다.

여러분도 저마다의 깊은 상처가 있을 것입니다. 여러분이 잘못하지 않았어도 누군가에 의해서, 어떤 상황에 의해서 깊은 상처를 안고 살 수 있습니다. 그것은 누구에게도 보상 받지 못한 채 한스러움으로 남아, 마음에 응어리로 자리 잡았을 수도 있습니다.

상처는 스스로의 잘못이 아니어도 가슴에 박힐 수 있습니다. 돌덩어리처럼 마음속에 박힌 상처는 시간이 지나면 지날수록 삶 구석구석에 영향을 미칩니다. 누가 상처를 건드릴까봐 노심 초사하며 숨어 지내거나, 악에 바쳐 비관적으로 살기도 합니다.

돌덩어리들은 하나의 세포처럼 내 안에 정착합니다. 더 이상 떼어내기 힘들 정도로, 내 몸과 하나가 되어 함께 숨 쉬고 있습니다. 그리고 스스로의 마음을 여전히 아프게 합니다. 고통은 제 안에서 살아 움직이고 있습니다.

그런데 이렇게 생각해 볼까요? 마음에 아픈 가시를 박고 산다 고 달라지는 것이 있을까요? 누구를 위한 선택일까요? 누구 좋 으라고 이렇게 아파해야 할까요? 왜 우리는 아픔을 끌어안고 사 는 걸까요? 잊기 위해, 괜찮아지기 위해 안간힘을 쓰면서도 그 게 힘들다면, 더 이상 이 아픔에서는 벗어날 수 없는 것일까요?

저는 마음공부를 하며 아픔과 마주서야 했습니다. 아픔을 정 면으로 쳐다보지 않으면 평생 저를 놓아주지 않을 것 같았습니 다. 이제 그 아픔과 이별해야 할 때가 다가왔음을 알았습니다. 제가 선택한 치유는 내면 아이 치유였습니다.

눈을 감고 어린 시절 저에게로 갑니다. 장례식장 구석에서 쪼그리고 앉아 울고 있는 여자아이에게 다가갑니다. 그 아이는 매우 슬퍼하고 미안해 하고 있습니다. 저는 그저 그 아이를 포근히 안아줍니다. 그리고 그 어떤 사람도 나에게 해주지 않았던 위로의 말을 건넵니다.

동생의 마지막 모습은 저를 한없이 후회하게 만들었고 한없이 괴롭혔습니다. 어린 시절의 저를 찾아가 따뜻하게 안아주었습니다. 무엇보다 그것은 내 탓이 아니었음을 알려 주었습니다. 사랑으로 불쌍한 나를 감싸 안아준 이 치유법은 놀라운 효과가 있었습니다.

"너의 잘못이 아니야. 그건 네 탓이 아니야. 넌 아무것도 몰랐고, 이렇게 될 줄 몰랐잖아. 아파하지 마. 생명의 가치는 모두 똑같아. 너도 귀한 존재야. 그러니 힘든 시간이지만 이겨내야 해. 동생은 아주 좋은 곳으로 갔어. 그러니 자책하지 말렴. 네가 남아서 열심히 사는 게 너의 몫이야. 괜찮아. 울지 말거라."

상상 속에서 어린 나를 만나, 치유 작업을 계속했습니다. 억지로 잊으려 노력하지 않았습니다. 상처를 가볍게 여기지도 않았습니다. 후회하는 일도 멈추었습니다. 그저 마음이 아픈 아이를 껴안아 주었을 뿐입니다. 그러자 서서히 마음이 편안해졌습니다.

상처는 그냥 스르르 녹여서 마음 밖으로 흐르게 두어야 합니다. 녹이는 방법은 그냥 따뜻한 시선으로 바라보는 것입니다. 차가워진 얼음덩어리를 도끼로 찍어내는 것이 아니라 햇빛으로 녹인다고 생각해 보십시오.

빛의 정체는 사랑의 에너지입니다. 사랑의 에너지는 공감, 사랑, 위로, 인정입니다. 그 에너지로 품으면 됩니다. 마음을 인정해 주고 공감해 주고 위로해 줍니다.

'그동안 많이 힘들었지? 얼마나 힘들었는지 내가 잘 알아. 하지만 이제 괜찮아질 거야. 모든 건 다 지나가거든.'

그동안 아팠음을 인정해 줍니다. 그리고 더 이상 괴롭지 않아도 된다고 위로해 줍니다. 어린 시절의 저를 찾아가 따뜻하게 안아 주었습니다. 그리고 괜찮다 말해 주었고, 곧 아픔이 지나갈 거라 위로해 주었습니다. 무엇보다 그것은 내 탓이 아니었음을 알려 주었습니다.

사랑으로 그저 불쌍한 나를 감싸 안아준 이 치유법은 놀라운 효과가 있었습니다. 그 한으로부터 자유로워졌고, 아픔에서도 한 발짝 물러나게 되었습니다.

이 놀라운 치유법은 그렇게 어렵지 않습니다. 그저 힘을 빼고 사랑의 시선으로 측은하고 따뜻하게 자신을 바라보면 됩니다.

이 때 반드시 사랑의 에너지를 써야 합니다. 부정적인 에너지를 써서 억지로 떼어내려 하면 상처는 더욱 깊은 동굴로 들어가 버립니다. 분노로 상처에 대응하거나, 불평으로 남 탓을 하거나, 미움으로 칼을 들거나, 자괴감으로 자멸하면 안 됩니다.

억지로 무엇인가를 하려 노력하지 마십시오. 애를 쓰면 안 됩니다. 사랑의 에너지는 힘을 주는 것이 아니라 힘을 빼야 사용할 수 있습니다.

마음속 돌덩어리는 깨는 게 아닙니다. 그냥 녹이는 겁니다. 사랑과 용서와 위로로 말입니다.


"그건 당신의 잘못이 아닙니다. 그러니 괜히 애쓰며 괴로워 하지 마십시오."

# 22

## 가난에서 벗어나려는 발버둥

마음공부를 시작했을 당시에 마음이 무척이나 힘든 상황이었습니다. 겉으로 보기엔 아무런 문제가 없어 보였고 저도 아무렇지 않게 행동했습니다. 하지만 이유를 알 수 없는 무거운 돌덩이가 가슴을 짓누르는 듯한 답답함에서 헤어 나오지 못했습니다. 마음이 저에게 무엇인가 말하고 싶었던 거 같습니다.

'나 많이 지쳤어.'

이건 사람들이 알아보는 문제가 아니었습니다. 오로지 자기 자신만 느낄 수 있는 영혼의 신호였습니다. 그때서야 마음의 한 부분이 오작동하고 있음을 알게 되었습니다. 무엇인가 돌파구를 발견하지 못하면 이 답답함에서 영원히 벗어날 수 없을 것 같았습니다.

오래전부터 저는 유난히도 부(富)에 대한 집착이 매우 큰 편이었습니다. 그래서 20대 초반부터 스스로 경제, 경영 도서를 읽으며 사업과 투자에 대해 공부하고, 자본금이 쌓이면 각 분야에 직접 투자를 서슴지 않았습니다.

그렇게 해야 부자가 될 수 있다고 확신하며 이리저리 늘 바쁘게 살았습니다. 늘 절박했고, 조급했습니다. 하지만 모든 투자의 승자는 시간을 견디는 자입니다. 늘 조급했던 저는 언제나 꾸준히 기다리지 못했습니다. 열심히 내달리기만 했기에 어느새 숨을 헐떡이고 있었습니다.

왜 '부'에 집착했을까요? 그건 바로 어렸을 때부터 내가 성공을 해야 이 집안을 일으켜 세울 수 있다는 생각을 갖고 있었기 때문입니다.

저희 집은 가난했습니다. 그런데 사실 가난이라는 것이 뭔지도 모를 어린 나이 때는, 우리 집이 그렇게 가난한지도 몰랐고 그리 아쉬울 것도 없었습니다. 가난하다고 해서 엄마가 밥을 안 주는 것도 아니고, 입을 옷이 없어 벗고 산 것도 아니었습니다. 좋은 옷, 고급 반찬, 비싼 아이스크림, 예쁜 신발, 특별한 외식 등 조금 더 나은 것을 못했을 뿐이지 기본적인 것은 아쉬울 게 없었습니다.

엄마는 음식솜씨가 좋아 만들어 주는 것마다 맛있었습니다. 특히 총각김치나 콩나물 무침은 밥 한 그릇을 뚝딱 해치우게 했습니다. 친구들과 한참을 골목에서 뛰어놀다 밥 먹으라는 엄마의 정겨운 목소리가 들려 오면, 잽싸게 집으로 뛰어 들어갔습니다. 그러면 방금 지은 소담스러운 밥상을 마주하였고 허겁지겁 숟가락질을 하며 세상 남부러울 것 없는 풍족한 시간을 만끽했습니다. 어쩌다 아빠가 큰맘 먹고 통닭 한 마리를 사들고 오는 날이면 온 집안 식구가 잔칫날인 것처럼 행복했습니다.

따뜻한 가정, 넉넉한 시간, 보물창고 같은 자연, 그리고 자유가 있었기에 돈은 없었지만 부족함 없이 아주 행복했습니다. 인생에서 가장 행복했던 때가 언제냐고 묻는다면, 저는 주저 없이 가난했지만 가난했음을 몰랐던 윗동네 골목에 살던 어린 시절이라고 대답할 것입니다.

행복해지기 위해선 돈이 필요했기에 돈을 벌고 성공을 하는 것이 목표였습니다. 그런데 새삼스레 이런 의문이 떠올랐습니다. '정말 부자가 되면, 행복한 걸까?'

하지만 우리를 키우는 부모님의 생각은 달랐습니다. 넓은 집으로 이사도 해야 하고, 쑥쑥 자라는 세 아이들의 학비며, 늘 부족한 생활비로 걱정이 많았습니다. 들어가야 할 곳은 많은데 늘 어날 줄 모르는 빠듯한 수입으로 언제나 쩔쩔매며 살았습니다.

두 분 다 열심히 일했지만 들어오는 수입은 너무 적었습니다. 하지만 우리는 희망을 놓지 않고 살았습니다. 엄마 아빠는 힘들게 돈을 모아 이사 갈 집을 계약했습니다. 드디어 작은 단칸방에서 방 두 칸짜리 집으로 갈 수 있다는 사실에 우리 형제들은 너무 기뻐했습니다.

그런데 그 기쁨은 얼마가지 못했습니다. 불행의 파도는 모든 것을 빼앗아갔습니다. 열 살짜리 남동생이 갑작스럽게 하늘나라로 떠난 일로 우리집은 그야말로 풍비박산이 나고 말았습니다.

사랑하는 동생이 하루아침에 세상을 떠난 일은 너무 충격적이고 절망적인 아픔이었습니다. 그 날 이후, 10대 시절 제 기억은 멈춘 듯 합니다. 제 무의식이 고통스럽던 시간을 삭제시킨 것 같습니다. 그저 우리집은 아무리 불을 켜도 늘 어두웠다는 것만은 또렷이 기억납니다. 저는 밖에서는 밝고 명랑한 아이였지만 집으로 돌아오면 어두운 집안을 맞이해야 했습니다.

집안 사정은 최악으로 치달았습니다. 아들을 잃은 슬픔에 망연자실한 마음을 부여잡지 못했던 아빠는 경제활동을 뒤로 하셨고, 엄마는 그런 가정을 끌고 가느라 늘 힘겨웠고 밤이면 아들에 대한 그리움에 울며 지새우기를 반복했습니다.

갓 대학에 들어간 언니는 학과 특성상 학업을 유지하려면 많은 돈이 들어갔습니다. 엄마는 언니의 준비물 값을 대는 것조차 벅차했습니다. 엄마와 아빠의 싸움이 잦아졌고, 그런 모습을 보면서 저렇게 싸우느니 차라리 같이 살지 않는 게 낫다는 생각도 했습니다. 우리집은 점점 희망을 잃어가고 있었습니다.


저는 선택을 해야 했습니다. 더 이상 돈을 쓰는 식구가 늘어나면 더 불행해질 것 같았기 때문입니다. 나중에 하고 싶은 공부가 생기면 그 때 대학을 가야겠다고 생각했습니다. 다행인지 불행인지 공부에는 그리 큰 흥미가 없었고, 꿈보단 당장 돈을 버는 것이 더 중요했습니다.

이때부터였습니다. 돈이 행복과 불행의 중심에 있다는 믿음을 갖게 되었습니다. 돈이 없으면 불행했기에 행복하려면 돈이 있어야 한다고 믿었습니다.

그래서 스무 살 때부터 돈을 벌기 시작했습니다. 피자집 아르바이트부터 작은 회사에서 사무직으로, 급기야 사업자를 내고 인터넷으로 장사를 시작했습니다. 2000년대 초엔 인터넷 쇼핑몰이란 단어 자체도 생소했을 때입니다. 누군가에게 '상품 사진을 카메라로 찍어 인터넷에 올리면 사람들이 물건을 산다'는 말을 주워듣고, 정보를 악착같이 모아 쇼핑몰을 만들었습니다.

돈이 없었던 저에겐 선택의 여지가 없었지만, 한두 개씩 물건이 팔려나가자 일에 대한 강한 확신이 들었습니다. 이때부터 시작한 온라인 사업은 감사하게도 저의 적성과 잘 맞았고 사업도 잘 풀려 17년간 계속 하게 되었습니다.


저의 목표는 늘 한결같았습니다. 행복해지기 위해선 돈이 필요했기에 돈을 벌고 성공을 하는 것이 목표였습니다. 돈을 많이 벌면 우리 식구들도 싸우지 않고 행복하게 살 수 있을 것 같았습니다. 가난으로 힘들었던 시절을 생각하면서 가난이 주는 고통을 더 이상 겪지 않겠노라 다짐하면서 살았습니다.

10대의 믿음은 20대로 이어졌고 30대까지 이어졌습니다. 하지만 30대 후반이 되자 저는 비틀대기 시작했습니다. 그리고 새삼스레 이런 의문이 떠올랐습니다.

'정말 부자가 되면, 행복한 걸까?'

# 23

# 거짓 파라다이스

가난이 두려웠던 것이 아닙니다. 가난하기 때문에 할 수 없는 것이 많은 현실이 늘 두려웠습니다. 내가 쓸모없는 인간이 된 것 같은 기분이었습니다. 어린 시절엔 늘 그런 생각을 하며 살았기에, 그 기분을 다신 느끼고 싶지 않았습니다. 그래서 항상 조급하고 바빴습니다.

대학교를 다닐 때 저의 꿈은 작가였습니다. 그런데 작가로 등단한다는 보장도 없고 등단을 한다고 해도 안정된 수입은 기대

할 수 없기에 꿈만 꾸면서 그 시간을 가난으로 버틸 자신이 없었습니다. 부모님의 뒷바라지는 꿈도 꿀 수 없었기에 현실을 냉정하게 바라볼 수밖에 없었습니다.

가난이, 돈이, 나의 꿈을 좌절시킨다는 생각에 더 이상 다른 꿈은 꾸지 않기로 결심했고 돈을 많이 벌어야겠다고 다짐했습니다. 저의 현실이, 상황이, 욕망이, 저를 성공만을 목표로 하는 사람으로 만들어버린 것 같습니다.

그러나 돈과 성공이 목적이 되어버린 인생은 언젠가는 반드시 지치게 마련입니다. 왜냐하면 많은 에너지를 방출하지만 채워지는 영적 에너지는 미미하기 때문입니다. 물질적 쾌거는 유통기간이 짧은 행복만을 선사하므로, 반드시 슬럼프가 찾아옵니다. 물질 에너지는 영적 에너지를 채워주지 못합니다. 그렇게 저에게도 에너지 고갈의 순간이 찾아왔습니다.

30대 중반이 되었을 즈음, 지금껏 이렇게 힘들게 살았는데 앞으로도 계속 이렇게 힘들게 살아야 한다는 것에 슬픔을 느끼게 되었습니다. '이렇게 사는 게 맞는 건가'라는 의문이 들기 시작했습니다.

솔직히 저는 그렇게 물욕이 많은 사람이 아닙니다. 갖고 싶은 것도 많지 않고, 명품이나 보석에 대한 로망이 있는 것도 아닙니다. 그렇다고 사회적으로 권력과 명성을 얻어 유명해지려는 마음도 크지 않았습니다.

> 물질이 많아도 마음이 지치고 상처받은 사람에게 파라다이스는 없습니다. 파라다이스를 원한다면 물질을 채울 것이 아니라 마음을 치유하고 마음을 건강하게 해야 합니다. 마음이 먼저입니다.

그런데 왜 그렇게 노력하며 살아야 했을까요? 어렸을 때의 경험이 이렇게 내몬 것은 아닐까요? 돈 때문에 행복하고, 돈 때문에 불행하고, 돈 때문에 웃고, 돈 때문에 싸우고 …. 모든 것의 원인이 돈이라고 생각했기에 돈이 있으면 행복하고 그곳이 파라다이스일 것이라고 믿었습니다.

전 따뜻하고 평온하고 문제없는 평화로운 파라다이스를 꿈꾸었습니다.

하지만 어느 순간부터는 꿈을 위해서가 아니라 생활을 위해 돈을 벌었습니다. 그러니 자연스럽게 다람쥐 쳇바퀴 돌듯 매일매일 발을 구르며 열심히 살고 있지만 그곳을 쉽게 벗어날 순 없었습니다. 나중에는 무엇을 위해 사는지 정의 내리기 힘들 정도로 그저 하루하루를 바쁘게 살았지만 거기에서는 아무런 기쁨도 느끼지 못하고 허무함이 찾아옵니다. 그리고 알게 되지요. 마음이 힘들고 지쳤다는 것을요.

물질이 많아도 마음이 지치고 상처받은 사람에게 파라다이스는 없습니다. 파라다이스를 원한다면 물질을 채울 것이 아니라 마음을 치유하고 마음을 건강하게 해야 합니다. 마음이 먼저입니다.

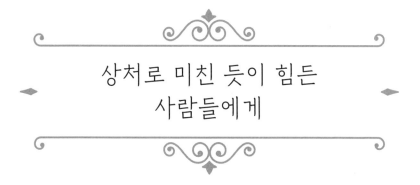

# 상처로 미친 듯이 힘든
# 사람들에게

누구나 마음속 상처를 가지고 있습니다. 상처는 보통 가슴속에 대못처럼 박혀 있습니다. 사람들은 대부분 그 못을 빼내거나 상처를 치유하는 방법을 모릅니다. 그래서 화병이 생기기도 하고 상처에 짓눌려 살기도 합니다.

아주 오랜 시간 동안, 엄마는 동생 이야기를 꺼내면 심하게 야단을 치셨습니다. 동생이 생각나면 힘들어지기 때문이었습니다. 엄마는 아들이 생각나는 날 밤이면, 밤새 우셨습니다. 시간이 답이라지만, 상처가 아물 때까진 너무 많은 시간이 필요했습니다. 그래서 누구도 그 상처를 건드리지 않았으면 하는 마음이 강했고, 당시엔 그것이 최선이라 생각했습니다.

그때는 몰랐습니다. 상처는 건드리지 않는 게 아니라 그냥 지나가게 두어야 하는 것을, 아프다고 묻어두는 것이 아니라 치유해야 한다는 것을 말입니다.


우리 가족은 동생의 죽음이라는 상처를 안고 사는 게 숙명이라 생각했습니다. 그래서 그 누구도 동생의 이야기를 꺼내지 않았습니다. 동생 사진, 앨범 등은 장롱 속 깊은 곳으로 들어가 버렸습니다.

하지만 그렇다고 해서 상처가 없어지는 것이 아니었습니다. 오히려 불행의 시작이었던 것 같습니다. 상처가 있으면 있는 대로, 아프면 아픈 대로, 슬프면 슬픈 대로 그것을 인정하고 치유해야 하는데 우리 가족은 그렇게 하지 못했기에 속으로 곪아만 가고 있었습니다.

어쩌면 우리는 작별을 인정하고 싶지 않았을 수도 있습니다. 이 세상에 버젓이 존재해야 할 아이가 더 이상 여기에 없다는 사실을 받아들이지 못한 것입니다. 그것을 받아들이면 정말로 사라질 것 같아서, 마음에서도 사라질 것 같아서 차라리 인정하지 않고 상처를 떠안고 사는 것을 선택한 것이죠. 그리고 비통함으로 주어진 시간을 촘촘히 채웠습니다. 고통에 저항한 것입니다.

상처가 흘러나가도록 하지 못하는 이유는 괴로움이란 감정이 그 상처에 집착했기 때문입니다. 이는 지금 현실을 인정하지 못하고, 이미 지나버린 일을 놓아주지 못합니다.

하지만 현실을 인정하지 않고 상처를 놓아주지 못하면 나아질 것도, 달라질 것도 없습니다. 결국 자신만 다치게 됩니다. 누군가의 위로에도 한계가 있고, 고통을 나눌 수도 없습니다. 오롯이 자신이 떠안은 채 비참한 드라마의 주인공처럼 살아야 합니다. 모든 것은 내 마음이 하고 있는 일입니다.

우리 가족의 판단, 아니 우리 부모님의 판단은 현명하지 못했습니다. 동생 이야기를 하지 못하게 하고, 평생 그 고통을 주홍글씨처럼 마음속에 새기고 고통을 짊어진 채 사는 것이, 먼저 보낸 아들에 대한 예의라 생각하셨습니다.

하지만 그 결과는 너무나 비참했습니다. 아빠는 그 고통을 견디지 못하고 일도 손에 놓은 채 방황만 하셨고, 엄마는 행복한 삶을 거부하셨습니다. 동생이 없는 남은 식구끼리 맛있는 것을 먹거나 좋은 곳에 놀러가면 안 된다고 생각하셨습니다. 동생이 없는 세상에서 즐거움은 의미가 없다고 생각하는 것을 넘어 동생이 없는 세상에서 즐거우면 안 된다고 생각하셨습니다.

부모님의 선택은 제 인생에도 큰 영향을 주었습니다. 그래서 저도 좋은 것, 즐기고 싶은 것을 취하려 하면 동생에 대한 미안함을 가지게 되었습니다. '내가 이래도 되는 걸까?' 하는 생각이 앞섰습니다.

동생에 대한 상처는 우리 가족을 행복해서는 안 된다고 생각하게 만들었습니다. 행복할 권리, 웃을 권리를 빼앗고, 절규하고 고통 받도록 종용하고 있었습니다.

이는 정말 파괴적이고 절망적인 선택이었습니다. 하지만 그땐 몰랐습니다. 아마도 우리 부모님도 모르셨을 겁니다. 엄마, 아빠는 어른이었지만 그들도 처음 겪는 일이었고 젊은이들이었습니다. 그분들의 선택은 그저 자식에 대한 깊은 사랑과 안타까움으로 인한 것이었기에 부모님을 탓할 수도 없습니다.

동생의 죽음은 누구의 잘못도 아닙니다. 그건 사고였을 뿐입니다. 그런데 부모님은 자신의 잘못으로 동생이 죽었다고 생각

하고 속죄하는 마음으로 고통 가운데 사
셨습니다. 부모님이 고통 가운데 사는 것
을 동생이 원할 리 없건만 부모님은 평안
할 권리, 웃을 권리, 행복할 권리를 스스

로 버리셨습니다. 그것이 동생에 대한 예의라 생각하셨습니다.

고여 있는 상처는 응어리가 되어 가슴속에 박히게 되면, 시간
이 흘러도 살아 움직이는 현실이 되어 과거와 똑같은 강도로 나
를 괴롭힙니다. 우린 힘들어도 계속 동생을 추억했어야 했습니
다. 생각이 나도 그 마음을 억누르려 하지 않고, 아픈 마음으로
동생을 애도해야 했습니다. 자연스러운 감정은 그저 자연스럽게
품었어야 했습니다. 그리고 믿었어야 했습니다. 분명 이곳과는
비교도 안될 만큼 멋진 세상에서 걱정 없이 살고 있을 거라고.

얼마 전 TV에서 먼저 돌아가신 엄마를 애도하며, 남은 식구들
이 엄마의 생일, 엄마가 돌아가신 날에 함께 모여 맛있는 음식도
먹고 기도를 하는 장면을 본 적이 있습니다. 문득 '우리 가족도
저렇게 했으면 어땠을까?' 하고 생각해 보았습니다. 그것이 훨
씬 좋은 방법 같았습니다.

상처를 인정하지 못하면 아픔으로 인해 억울한 마음이 듭니다. 왜 내가 이렇게 아파해야 하는지 이해하지 못합니다. 그래서 하늘이 원망스럽고 화가 납니다. 하지만 모르는 것이 있습니다. 그 상처는 내가 붙잡고 있었던 겁니다. 가슴을 치면서도 그 아픔을 붙잡고 있는 것은 다름 아닌 나였습니다.

우리는 지금을 살아야 합니다. 여전히 과거에 매여 살고 있다면, 고통에서 헤어나올 수 없습니다.

오늘 해야 할 일, 오늘 먹을 음식, 오늘 보고 싶은 영화, 오늘 만나고 싶은 사람에 집중하십시오. 그냥 지금 내가 서있는 곳으로 눈을 돌리십시오. 그리고 이왕이면 정성스러운 마음으로 삶에 임하세요. 그게 전부입니다.


과거는 허상이고 미래는 미지수입니다. 오늘, 지금을 사는 것이 모든 것입니다. 기억하세요! 이미 지난 과거(상처)를 붙들고 사는 것은 아무런 가치가 없습니다. 아팠던 기억 또한 배움으로 두고, 의식과 마음은 지금 순간으로 눈을 돌려야 합니다.

나에게 주어진 고통은 반드시 나를 통해 흘려야 합니다. 따라서 어차피 겪어야 하는 고통이라면, 그냥 묵묵히 고통이 나를 통과하고 있다는 것을 느껴야 합니다. 시간이 지나고, 임무를 다하면, 고통은 조용히 사라집니다. 그리고 아이러니하게도 우린 이런 힘든 시간을 견디면 한 단계 더 성장할 수 있습니다.

'그래 아픈 게 당연하지. 힘든 게 당연하지. 하지만 시간이 지나면 이 아픔도 나를 통해 다 흘러 나갈 거야.'

어느 날 꿈을 꾸었는데, 환희와 기쁨으로 눈물을 흘리며 깬 적이 있습니다. 꿈속에서 동생을 만났는데 다 큰 멋진 성인이 되어 나타난 것입니다. 큰 키, 멋진 체격, 잘생긴 외모에 고급스럽고 멋진 옷을 입고 있었습니다. 누가봐도 반듯하게 잘 자란 청년이 된 동생이 저에게 말했습니다.

"누나. 나 잘 지내고 있으니 걱정 말고 엄마 잘 부탁해!"

너무 행복하고 평화로워 보였습니다. 빛이 날 정도로 멋진 모습이었습니다. 얼마나 꿈이 황홀하고 아름답던지 깨고 싶지 않았습니다.

꿈 이야기를 엄마에게 해드리니 엄마는 기뻐했습니다. 이제 엄마도 조금씩 죄스러움에서 벗어나 자신의 인생을 찾아가고 있습니다. 우리 가족은 이제 동생 이야기를 자연스럽게 하면서 동생을 추억합니다.

얼마 전, 집안 구석구석 뒤지는 것을 좋아하는 저희 둘째 딸이 한 뭉치의 사진을 발견했습니다. "엄마, 이게 누구야?"라고 물었습니다. 놀랍게도 그 사진은 아주 오래된 우리 가족사진이었습니다.

사진 속엔 아주 젊었던 엄마 아빠와 꼬마였던 우리 형제의 모습이 있었습니다. 저와 제 동생은 개구쟁이답게 이빨을 보이며 환하게 웃고 있었습니다. 이 사진을 휴대폰으로 촬영한 후 엄마에게 전송해 주었습니다.

"오랜만에 보네."

엄마는 이렇게 짤막하게 답장하셨습니다. 거의 30년 만에 보는 아들 얼굴이었습니다. 그 얼굴을 볼 때까지 무려 30년이 걸렸습니다.

# 나의 파랑새

어렸을 때부터 저는 이런 꿈을 많이 꾸었습니다. 어디를 급히 가야 하는데, 길을 잃거나 문제가 생겨 도착하지 못합니다. 때론 뛰어가도 모자랄 판에 쇳덩어리가 발목에 달린 듯 다리가 무거워 발걸음을 옮기지 못합니다. 마치 죽음의 늪에 빠진 것처럼 허우적 대기만 합니다.

마음은 급한데 서두르면 서두를수록 일이 생기고, 겨우 도착하면 파티는 이미 끝난 상태입니다. 그 곳은 불도 꺼져 있고, 음식도 남아 있지 않고, 사람들도 다 돌아가 텅 비어 있습니다. 저는 초대받지 못한 사람처럼 어둠 속에 서있다 꿈에서 깨어납니다.

이렇게 발만 동동 구르다 끝나는 꿈을 한두 번 꾼 것이 아닙니다. 거의 평생 이런 꿈을 꾸었다 해도 과언이 아닙니다.

꿈은 마음의 반영입니다. 아마도 제 마음 상태가 늘 그러했던 것은 아닐까요? 잡힐 듯 잡히지 않는 새를 쫓아 열심히 달렸지만, 파랑새는 이미 날아가고 없습니다. 눈앞에 아른거렸던 파랑새는 언제나 제 손에 닿지 않습니다.

꿈을 쫓으며 살고 있는 우리는 꿈의 강박에 쌓여 있습니다. 왜냐하면 성공해야 하기 때문입니다. 물론 꿈을 정하고 성장하고 앞으로 나아가려는 노력은 멋진 것입니다. 하지만 많은 이들에게 꿈은 잡힐 듯 잡히지 않는 파랑새처럼, 언제나 한 발자국 앞에서만 날개짓을 하고 있습니다.

전 가난했고 노력해야 했고 유쾌한 척 해야 했습니다. 어떻게 보면 한 번도 나를 인정하거나 좋아한 적이 없습니다. 현재 상태는 늘 부족했고, 더 나아가지 않으면 안 될 것처럼 초라했습니다. 그래서 멋진 파랑새를 잡아야만, 행복을 누릴 수 있다고 여겼습니다. 그러면 모든 것이 해결될 것이라고 믿었습니다.

꿈을 이루지 않으면 초라한 사람인 것으로 여겼습니다. 꿈을 이루지 않으면 행복을 누릴 자격이 없는 사람으로 여겼습니다. 이것이 바로 모든 현대인들의 아픔입니다.

우리는 대체로 우리 스스로를 인정하지 못하고 마음에 들어하지 않습니다. 그래서 늘 목표를 정하고 계획을 세웁니다. 그런 노력을 기울이기 어렵다면, 자포자기의 심정과 본인의 나태함을 자책하면서 살게 됩니다. 자신이 목표한 모습에 도달하기까진 스스로를 편하게 두지 않습니다. 엄격하고 냉정하게 다룰 뿐입니다.

하지만 파랑새는 절대 손에 잡히지 않습니다. 왜냐하면 파랑새는 이미 내 가슴 안에 있기 때문입니다. 파랑새를 잡으러 찾아 다닐 필요가 없습니다. 그저 있는 그대로의 나를 인정하면 됩니다.

그런데 항상 가진 것보단, 갖지 못한 것을 생각하며 살아갑니다. 자신이 갖지 못한 것을 갈구하고, 그것을 갖고 있는 사람을 부러워하며 삽니다. 자기 자신이 가진 것은 보지 않고 또 그것에 감사함을 느끼지 않습니다. 늘 없는 것만 바라보기 때문에 부족한 것 투성이라고 생각하며 사는 것입니다.

이 마음 상태를 그대로 유지한다면, 평생 초대받지 못한 사람처럼 늘 발만 동동 구르며 살 것입니다. 그래서 다른 마음을 갖고 살기로 결심했습니다.

'그래! 나도 괜찮은 사람이야!'

괜찮은 척, 행복한 척, 유쾌한 척 하는 거짓말쟁이로 살았지만, 이젠 누구의 눈치를 볼 필요도 없이 그냥 두기로 결심했습니다. 부족하면 부족한 대로, 아프면 그냥 아픈 대로, 괜찮으면 괜찮은 대로 이미 온전한 나임을 인정하는 것입니다.

성공을 해야 멋져지는 내가 아닙니다. 그냥 가만히 있어도 괜찮은 나입니다. 따라서 정상에 올라가도 멋진 나지만, 올라가지 못하더라도 그 과정 속에서 삶을 즐기는 나도 역시 멋집니다.

파랑새 잡기 게임은 처음부터 불가능한 게임입니다. 그 게임은 언제나 실패로 돌아갈 것입니다. 왜냐하면 파랑새는 잡히는 것이 아니기 때문입니다. 그건 그냥 느끼는 것입니다. 내가 이미 아름다운 파랑새를 가지고 있는 사람이라는 것을요.

지금 내가 가진 것에 대한 감사와 인정이 따르지 않으면 우린

절대 스스로를 사랑하지 못합니다. 그리
고 내 삶을 사랑하지 못한다면, 지금까지
그랬던 것처럼 미래는 혼란스럽습니다.

> 파랑새는 절대 손에 잡히지
> 않습니다. 왜냐하면 파랑새는 이미
> 내 가슴 안에 있기 때문입니다.
> 파랑새를 잡으러 찾아 다닐 필요가
> 없습니다. 그저 있는 그대로의
> 나를 인정하면 됩니다.

　이런 상태에선 마음의 평화를 얻기 힘
듭니다. 왜냐하면 만족을 모르기 때문입
니다. 결핍의 의식은 지금의 나를 온전히 느끼지 못하도록 방해
합니다. 그러기에 외부적인 성장은 있을 수 있어도 의식의 성장
을 멈추게 됩니다. 나 자체를 잃어버린 상태이기에, 성장은 바랄
수조차 없게 됩니다.


　이젠 인정해야 합니다. 태어난 순간부터 지금 이 순간까지 선
물처럼 이 생애를 선물 받았고, 많은 것을 누리고 있고, 더 많은
것을 누릴 자격이 있다는 것을 말입니다.

　성공해야 하늘의 별처럼 빛날 수 있는 존재가 아니라, 이미 반
짝임을 가지고 이곳에 왔고, 처음 순간부터 이미 빛나고 있었습
니다. 내가 그 빛을 인식하지 못했을 뿐입니다.

　당신은 이미 별입니다. 그것을 깨닫는 것이 당신의 파랑새입
니다.

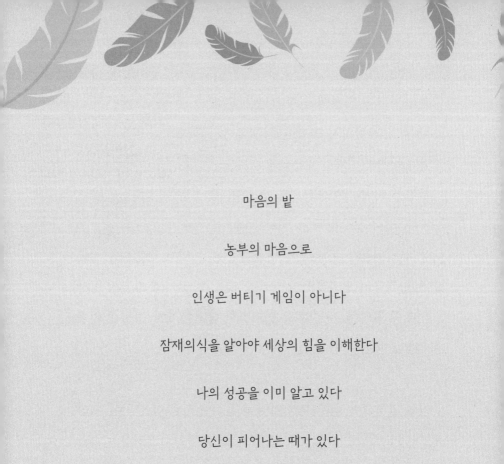

마음의 밭

농부의 마음으로

인생은 버티기 게임이 아니다

잠재의식을 알아야 세상의 힘을 이해한다

나의 성공을 이미 알고 있다

당신이 피어나는 때가 있다

좋은 것들이, 완벽한 시기에, 반드시

# 6부
# 잠재의식의 비밀

사람들은 행복해지려고 마음먹은 만큼 행복해질 수 있다.

– 링컨

# 26

## 마음의 밭

　- 해가 바뀌면 여러 가지 결심을 합니다. 새해엔 더욱 건강하고, 돈도 많이 벌고, 안정적이길 기도하며, 무엇을 배우겠다, 다이어트를 하겠다, 술 담배를 끊겠다, 운동을 하겠다 등 계획을 세우고 지금보다 더 나은 발전하는 내가 되겠노라고 마음을 굳게 먹습니다. 하지만 대부분은 마음먹은 대로 행하지 못합니다. 그래서 '작심삼일'이란 말이 생겼습니다.

　- 안 좋은 일을 겪으면 최대한 빨리 잊고 싶어 합니다. 하지만

마음은 그 감정을 놓아주지 않습니다. 머리로는 아무렇지 않다고 생각하지만 마음은 여전히 아픕니다. 그래서 사람은 상처를 지우는 데 시간이 필요하다고 이야기합니다.

- 누군가를 좋아하게 되면, 마음은 그 감정에서 헤어 나오지 못합니다. 생각과 의지와는 상관없이 마구잡이로 널뛰던 마음은 이별이라도 하게 되면 걷잡을 수 없이 고통스러워 합니다. 그래서 사람들은 '사랑의 열병'이란 말을 하게 됩니다.

이렇게 마음은 항상 어렵습니다. 왜냐하면 언제나 마음은 내 생각처럼 되지 않기 때문입니다.

나의 의지와 생각과는 상관없이 마음은 언제나 자신만의 소신을 굽히는 법이 없습니다. 여러분은 한번 생각해 본 적 있으신가요? 왜 마음은 생각처럼 되지 않는지 말입니다. 그 이유는 명확합니다. 생각의 크기보다 마음의 크기가 훨씬 크기 때문입니다.

우리는 '나'보다 '마음 세계'가 작다고 생각합니다. 쉽게 착각하는 것이, 마음이 우리 심장 속에 들어가 있고, 심장의 크기만큼만 존재한다고 생각합니다. 그래서 마음 정도는 쉽게 좌지우지할 수 있다고 믿습니다.

하지만 마음을 쉽게 지배할 수 있을 거라는 착각과는 다르게 우리는 언제나 마음의 지배를 받고 있고, 늘 마음으로 인해 혼란스러워 합니다.

마음은 우리가 생각하는 것보다 아주 큰 세계입니다. 그러므로 우리가 생각으로나 의지적으로 그 큰 세계를 다스리기가 매우 어렵습니다.

그러나 우리가 원하는 세상을 창조하려면 마음을 바꾸어야 합니다. 우리는 마음먹은 대로 살게 됩니다. 더 정확히 이야기하면 마음 세계가 곧 현실화됩니다.

하지만 우리는 마음을 부릴 수는 없습니다. 오로지 협조를 구할 수 있을 뿐입니다. 또한 그것보다 더 좋은 것은 협조를 구할 필요도 없이, 마음에게 도움을 받는 것입니다.

마음이 단단하고 건강하다면, 우리가 힘들어도 마음이 그대로 두지 않습니다. 다시 일으켜 세워주고, 성장하도록 좋은 일거리를 찾아 주는 것은 마음입니다.

그렇다면 어떻게 해야 할까요? 그 광대한 마음을 어떻게 고칠 수 있을까요? 방법은 단 두 가지입니다. 마음은 단 두 가지 경우로 새롭게 태어날 수 있습니다.

첫째, 마음 세계의 붕괴와 재건축

마음 세계의 붕괴는 아주 충격적인 사건을 겪게 되면 일어나는 현상입니다. '하늘이 무너진다'라는 표현을 들어보셨을 것입니다. 너무 충격적인 사건을 겪으면 내가 알고 있던 세계가 모두 무너지는 것입니다.

생사가 오갈 정도로 위태로운 목숨, 절망적인 사건, 누군가의 배신, 큰 실패 등으로 인한 마음의 데미지는 상당합니다. 그 강도가 아주 세다 보면 마음은 견디질 못하고 붕괴됩니다. 마음의 붕괴란 그동안 내가 갖고 있던 관념, 세계관, 믿음, 철학이 모두 무너지는 것을 말합니다.

마음이 무너질 정도의 충격을 겪었다면 새로운 마음을 재건축할 수 있어야 합니다. 새로운 다짐과 새로운 생각과 새로운 믿음으로, 새로운 마음을 건축해야 합니다.

그래서 언제나 위기는 기회이기도 합니다. 위기를 겪고 마음이 무너졌을 때 거기서 주저앉으면 폐허가 되지만, 무너진 마음을 추스르고 시련을 극복하여 다시 마음을 다잡으면 좀 더 튼튼하고 건강한, 아름다운 마음을 세울 수 있기 때문입니다.

> 우리가 원하는 세상을 창조하려면 마음을 바꾸어야 합니다. 우리는 마음먹은 대로 살게 됩니다. 더 정확히 이야기하면 마음 세계가 곧 현실화됩니다.

그래서 큰 위기를 겪은 사람들은 다시 새로운 사람으로 태어납니다. 또한 대부분 큰 성공은 큰 좌절 뒤에 찾아옵니다. 이런 멋진 인생 반전은 자신의 허름했던 집이 붕괴되고, 더욱 멋진 성을 지었기에 가능한 것입니다.

둘째, 마음 세계의 리모델링

삶을 뒤흔들 만한 충격적인 일이 발생하지 않는다면, 마음 세계는 쉽게 바뀌지 않습니다. 기존 세계가 너무 단단하기에 쉽게 흔들리지 않기 때문입니다. 그래서 언제나 다짐을 해도 제자리로 돌아옵니다. 자기 자신과의 싸움에서 이기는 자는 마음과 싸움을 잘해서라 아니라, 마음의 도움을 받았기에 가능한 것입니다.

이제 유일하게 남은 선택지는 마음의 리모델링입니다. 이 리

모델링 작업엔 시간과 인내라는 재료가 필요합니다.

마음을 밭이라고 생각해보겠습니다. 만약 밭이 지저분하고 황폐한 곳이라면, 일단 쓰레기도 치우고 잡초도 뽑고 거름도 주어야 합니다. 씨앗이 잘 자랄 수 있는 밭으로 만들어야 합니다.

건강하고 단단한 마음의 밭을 가지게 되면, 우리가 어떠한 결심과 노력을 하더라도 참된 결실을 맺을 수 있습니다. 무엇인가를 결심하면 마음이 든든하게 받쳐주고, 거친 풍파가 몰려와도 쉽게 포기하거나 흔들리지 않게 잡아줌으로 열매를 맺게 됩니다.

마음속 쓰레기는 걱정, 불안, 두려움의 부정적인 에너지입니다. 이 쓰레기를 깨끗하게 치워야 합니다. 내려놓음, 명상, 치유를 통해 부정적인 에너지를 씻어야 합니다.

그리고 거름을 뿌려 좋은 땅으로 만들어야 합니다. 마음의 거름은 치유, 사랑, 평화의 긍정적인 에너지입니다.

마지막으로 씨앗이 중요합니다. 건강해진 밭에 씨앗을 뿌립니다. 이 씨앗은 도전, 꿈, 희망이라 부르는 우리가 원하는 것들입니다. 마음의 밭이 건강하다면 씨앗은 잘 자랍니다. 그리고 그 씨앗은 멋진 나무로 자라나 꿈을 실현시켜 줍니다.

즉 마음의 리모델링은 부정적인 에너지를 긍정적인 에너지로 전환시키는 작업입니다. 쓰레기는 부정적인 마음, 거름은 긍정적인 마음, 씨앗은 희망과 꿈입니다.

지금 당장 시작해야 할 것은 청소입니다.

그동안 무자비하게 많은 공격과 그릇된 배움을 주입 당했으며, 나도 모르게 많은 오물과 쓰레기가 쌓여 있는 상태입니다. 그것이 전부 나의 잘못만은 아니지만, 우리에겐 청소를 해야 하는 의무가 있습니다. 청소를 하지 않으면 그 쓰레기들은 나의 마음밭을 황폐하게 만듭니다. 내려놓음을 통해 청소를 해야 합니다.

마음이 어지럽다는 것은 부끄러운 일이 아닙니다. 저 역시 오류투성이, 실수투성이, 자격지심 덩어리로 너무 많은 단점을 안고 살았던 사람입니다. 누구나 그런 과정이 있습니다.

누구도 자신 있게 '나는 선하고 완벽한 사람'이라고 말하진 못합니다. 몇몇 성인군자들은 가능하지만 평범한 우리는 오점투성이 인간들입니다. 그러니 내 마음의 밭이 건강하지 못하다고, 청소를 해야 한다고 창피해 하지 않아도 됩니다.

그동안 두려움, 질투, 시기, 미움, 증오 등으로 인해 쌓인 부정적인 에너지를 밖으로 배출해야 합니다. 하루에 잠시라도 나만의 시간을 가져보세요. 그리고 마음에 질문하십시오.

'내가 지금 청소하고 버려야 할 부정적인 마음은 무엇인가?'

인생은 타임머신을 타고 과거로 돌아가 재도전을 할 수 있는 게 아닙니다. 그냥 한번 지나가면 끝입니다. 그러므로 우리가 서툰 것은 당연합니다. 앞으로도 서툰 배움을 계속할 것이고, 마음속엔 나도 모르게 많은 부정적인 에너지가 쌓일 것입니다.

그러니 쌓여 있는 쓰레기를 보고 한숨을 쉬지 않으셔도 됩니다. 여러분의 잘못이 아니거나, 나도 모르게 쌓여 있는 것들입니다. 그냥 지금이라도 청소하는 법을 배우면 됩니다.

그리고 다음 단계는 마음에 좋은 것들을 선물하는 것입니다.

이런 선물은 긍정적인 생각과 사랑의 에너지에 답이 있습니다.

좋은 생각, 좋은 정보, 좋은 사람들, 좋은 에너지를 접하는 것을 게을리 하면 안 됩니다. 반대로 나쁜 에너지를 전달하는 생각, 정보, 사람을 피하십시오. 그건 나약해서 피하는 것이 아니라 강하기 때문에 다른 것을 선택하는 것뿐입니다.

그리고 단 5분 후의 일이라도 '잘 될 것이다'라는 믿음을 되새기십시오. 안될 것 같은 생각이 드는 순간 두려움, 걱정, 고민은 신났다고 고개를 들어 우리를 에워쌀 것입니다.

물론 단편적인 노력으로 바로 마음이 바뀌고, 인생이 바뀌진 않습니다. 하지만 지치지 않고 꾸준하게 이 일을 한다면 마음은 바뀝니다. 시간이 지나면 아름다워질 수밖에 없습니다. 그래서 시간과 인내가 필요한 것입니다.

견뎌야 합니다. 힘들다 여기지 말고 나를 사랑하는 마음으로 끝까지 긍정과 희망을 선택하십시오.

창조는 내부에서 시작합니다. 내부가 건강하고 아름다워야 외부 세상도 건강하고 아름답게 창조될 수 있습니다. 마음을 공부하는 여러분은 마음의 밭을 정성껏 멋지게 가꿔야 합니다.

마음의 밭이 아름답고 건강하다면 굳이 애쓰며 살 필요가 없습니다. 주어진 것에 축복과 감사를 보낼 여유와 원하는 삶이 창조될 것이라는 믿음과 확신이 저절로 생기니 말입니다.

이제 시작하십시오.

# 27

## 농부의 마음으로

우리는 크고 작은 시련을 겪으며 살아갑니다.

스스로가 부정적인 생각과 파괴적인 생각을 일삼으며, 마음의 정원을 포크레인으로 밀어버리기도 합니다. 혹은 나는 가만히 있어도 누군가의 무자비함으로 마음의 밭은 파괴될 수 있습니다. 쓰나미처럼 밀려드는 그런 무자비한 공격을, 마음이 단단하지 못하다면 방어할 재량이 없기 때문입니다. 또한 삶의 절망이, 내 밭을 회오리바람처럼 휩쓸고 지나가 쑥대밭으로 만들어놓을 수도 있습니다.

살다보면 마음 아픈 일들이 계속 일어날 것입니다. 그것은 비켜갈 수 없는 우리의 숙제입니다.

하지만 괜찮습니다. 시련, 아픔, 배신, 실패, 좌절…. 모든 것은 배움을 위해 찾아오는 것입니다. 세상이 나를 미워한다고 한탄하지 말고, 다른 누군가를 원망하지도 말기 바랍니다. 평온했던 밭이 엉망이 되었다고 슬퍼할 필요도 없습니다.

쑥대밭이 되었어도 다시 마음의 정원을 가꾸면 됩니다. 일단 초토화된 공간을 청소하고 재정비합시다. 그리고 밭에 양분과 거름을 주고, 씨앗과 꽃을 심으면 됩니다. 다시 시작하면 됩니다. 우리에겐 오늘이라는 시간이 또 주어지기 때문입니다.


시간이란 그러라고 존재하는 것입니다. 스포츠 경기에서 아무리 지고 있어도, 시간이 남았다면 선수들은 다시 일어나 싸웁니다. 시간이 있는 한 기회가 있기 때문입니다. 시간은 기회를 주기 위해 있는 것입니다.

아픔, 시련, 좌절은 있을 수 있습니다. 그러나 진짜 게임은 그것이 지나간 후에 시작됩니다. 우리의 마음의 질은 바로 여기서 결정됩니다.

농부를 한번 떠올려 보십시오. 농사는 천재지변의 모든 불확실성과 위험성을 다 가지고 있는 일입니다. 비가 안와 농작물이 말라 비틀어질 수도 있고, 비가 너무 많이 와서 농작물이 다 썩을 수도 있습니다. 태풍이 몰아쳐 쑥대밭으로 만들 수도 있고, 산에서 동물이 내려와 밭을 망가뜨려 놓을 수도 있습니다.

정성으로 일군 농작물들이 하루아침에 쓰레기더미가 될 수도 있습니다. 거부한다고, 싫어한다고 될 일이 아닙니다. 그건 그냥 일어나는 일입니다.

물론 하늘이 원망스럽고 농사를 때려치우고 싶을 만큼 힘들 겁니다. 속상하니 그런 마음이 드는 것은 당연합니다.

하지만 농부는 다시 일을 시작합니다. 쓰레기가 된 농작물들을 모아 태우고 밭을 갈고 거름을 구해옵니다. 그리고 봄에 했던 것처럼 다시 씨를 뿌립니다. 군소리를 한다고, 무너진 밭을 안고 목 놓아 운다고 해결될 일이 아닙니다. 그냥 묵묵히 해야 할 일을 해야 합니다.

우리가 마음공부를 한다는 것은 바로 농부의 마음으로 마음의 밭을 꾸미는 것과 같습니다. 마음은 하루아침에 짠하고 변하지 않습니다. 씨를 뿌리는 농부의 마음으로 인내와 사랑으로 일해야 합니다. 자연은 꽃씨 하나에 꽃 한 송이만 안겨주지 않습니다. 하나의 씨앗이 잘 자라면 무수히 많은 꽃과 잎과 열매를 선물합니다. 이것이 자연이 말하는 풍요의 법칙입니다.

> 살다보면 마음 아픈 일들이 계속 일어날 것입니다. 하지만 괜찮습니다. 쑥대밭이 되었어도 다시 마음의 정원을 가꾸면 됩니다. 우리에겐 오늘이라는 시간이 또 주어지기 때문입니다.

마음은 우주와도 같습니다. 우주의 별만큼이나 많은 숫자가, 마음속에 정보로 알알이 박혀 있습니다. 박혀 있는 수많은 별들은 우리가 품고 있는 생각과 기억입니다. 그 셀 수 없는 거의 무한에 가까운 별들이 하루아침에 내가 원하는 모습으로 바뀌진 않습니다.

우리들은 그저 시간을 두고 조금씩 가꾸어야 합니다. 이건 매 순간 삶의 자세와 연관이 있습니다.


잠재의식은 비유하자면, 정보로 가득 찬 저장소입니다.

잠재의식은 그 사람의 모든 말과 생각을 기록합니다.

내가 잠재의식에 부정적인 내용을 입력하면,

잠재의식은 부정적인 결과를 출력합니다.

즉, 내가 잠재의식에 보내는 생각과 말과 감정에 따라

잠재의식은 각기 다른 결과물을 생산합니다.

그러므로 나는 의식적으로 긍정적이고, 사랑이 넘치며,

힘을 북돋아 주는 생각과 말을 선택할 것입니다.

그래야 나에게 이로운 결과들이 나타날 수 있으니까요.

나는 삶에 기쁘고, 풍요롭고, 기적 같은 일들이 많아지게 하는

새로운 믿음으로 잠재의식을 바꿔나갈 것입니다.


_루이스 L. 헤이《나를 치유하는 생각》

# 28

## 인생은 버티기 게임이 아니다

친구 중에 유복하고 화목한 가정에서 구김살 없이 자란 아이가 있었습니다. 그 친구는 평소에 아무 생각이 없는 거 같았고, 고민과 걱정하는 모습 또한 본 적이 없습니다. 어렸을 때부터 그 친구는 늘 밝고 순진했습니다.

우리가 서로의 고민을 나눌 때 그 친구는 이렇게 말하곤 했습니다.

"미안한데, 뭐가 문제인지 잘 모르겠어. 너희 마음을 이해 못 해서 미안해."

악의는 전혀 없었습니다. 친구는 진심이었고 정말 몰라서 솔직하게 말한 것입니다. 하지만 교감을 나누기 힘든 친구와는 더이상 친해지기 힘들었고 조금씩 거리를 두게 되었습니다. 예민한 사춘기 때는 친구끼리의 공감이 너무 절실하기 때문입니다.

저는 그 친구가 집안의 넉넉한 지원을 받으며, 아무 걱정 없이 산다고 생각했습니다. 나와 반대되는 상황인지라, 조금 얄밉기도 하고 부러웠던 것도 사실입니다. 아무튼 철이 일찍 들어버린 제가 봤을 때 그 친구는 철부지 어린애처럼 보였고, 인생의 쓴맛과 단맛을 더 배워야 성숙해질 거라 생각했습니다.

하지만 그 친구는 나이가 들어서도 여전히 순하고 착하고 행복했습니다. 특별히 좋은 학교를 가지도, 좋은 직장에 들어가지도 않았지만 여전히 친구의 마음은 풍요로웠습니다. 저처럼 죽을 듯이 성공에 집착하지도 않았고, 악착같이 무엇인가를 이루려 그다지 노력하지도 않았습니다. 그저 자기에게 주어진 것에 감사하고 만족해 했습니다.

그런데 놀랍게도 친구들 중에서 그 친구가 가장 먼저 자신의 꿈을 이뤘다는 것을 알게 되었습니다.

그녀의 꿈은 예쁜 가정을 꾸리며 행복한 엄마가 되는 것이었습니다. 그녀의 꿈은 멋지게 성공하였습니다. 들리는 이야기로는 좋은 남자친구를 만나 2년 만에 결혼하였고, 곧 인형같이 예쁜 딸아이를 낳고 너무나 행복하게 잘 살고 있다고 합니다.

얼마의 시간이 흐른 후 SNS에 올라온 그녀의 사진 한 장을 우연히 보게 되었습니다. 시간이 많이 흘렀지만 여전히 어렸을 때처럼 환하고 밝게 웃고 있었습니다. 아직까지도 세상 걱정 전혀할 게 없다는 순하고 예쁜 미소 그대로였습니다.

왜 그녀는 같은 세상을 살아도 저렇게 아름다운 미소로 살 수 있는 걸까요? 왜 세상 사람들이 다 겪는 근심, 걱정은 그녀를 피해가는 걸까요?

저는 이유를 알 것 같습니다. 그 친구는 언제나 세상을 예쁘게 바라보았습니다. 그녀는 늘 사랑이 많았고, 친절했고, 해맑았습니다. 남을 험담하는 모습도 본 적이 없습니다. 늘 작은 것에도 감사했고, 자신이 노력한 것 이상의 것은 탐하지 않았습니다. 그러니 세상은 그녀에게 나쁠 수가 없었던 것입니다.

그녀는 한결같이 그저 우주의 흐름대로 힘을 빼고 살았습니다. 감사하며, 사랑하며, 희망하며, 맘 편히 고생 없이 사는 것 말입니다. 그리고 너무도 쉽고 편하게 살았습니다. 여전히 맑고 예쁜 미소를 머금은 채 말입니다.

행복은 타고난 운명으로만 가능할까요? 어떻게 보면 불공평해 보이기까지 한 친구의 스토리는 많은 사람의 공감을 얻지 못할 것입니다. 많은 사람은 '태어날 때부터 복을 타고난 사람이야 저렇게 살지'라고 생각할 것이기 때문입니다. 또한 비관론자들은 역시 세상은 불공평한 곳이라고 말할 수도 있습니다.

저도 한때는 그녀가 행복한 가정에서 태어났기에 저렇게 행복하고 편하게 살 수 있다고 생각했습니다. 물론 환경적인 요소는 무시할 수 없는 큰 영향을 줍니다. 하지만 제가 말하고 싶은 것은 됨됨이입니다.

그 친구는 모든 상황에 저항하지 않았습니다. 불평불만도 하지 않고 남을 질투하거나 험담을 일삼지도 않았습니다. 아니 그럴 필요조차 못 느꼈던 거 같습니다. 그냥 주어진 현실을 인정하고 그 안에서 행복하려 했습니다.

그래서 그녀는 친구들의 걱정에 쉽게 수긍하지 못했을 것입니다. 자기가 봤을 땐 그것은 불행한 요소가 아니었기 때문입니다.

그 친구는 어떤 상황이든 '왜?'가 아닌 '그러려니' 함을 선택했습니다. 그녀의 판단에선 그리 괴로울 것이 아니기 때문입니다.

　그냥 모든 상황을 부드럽고 따뜻하게 떠안았기에 모든 것이 순조로웠고, 마음은 그냥 자연스러운 흐름 안에서 평안했던 것입니다.

　스스로를 못났다고 생각하지도 않았고, 주어진 상황에 저항하지도 않았습니다. 남과 자신을 비교하지 않기에 우울하거나 조급해 하지도 않았습니다. 그녀는 삶이라는 파도에 그저 몸을 싣고 넘실거림을 즐기는 듯 편히 산 것입니다.


　우리는 흐름에 몸을 실어 살아야 합니다.

　우주는 멈추는 법이 없습니다. 우주의 별들도 흐름에 따라 흐르고 있고, 태양계의 별들도 중력에 따라 서로 밀고 당기며 빙글빙글 돌고 있습니다. 또 우리가 접하는 모든 물질은 움직이지 않는 것일지라도, 깊게 들여다보면 에너지가 흐르고 있음을 알 수 있습니다.

　이 세상 우주만물은 멈추지 않고 강력하게 운동하고 있습니다.

　우리의 인생도 시간 속에서 흐르고 있습니다. 사람들은 그것

> 지금까지 전투적인 심정으로, 혹은 버티는 마음으로 살았다면, 이제는 출렁이는 흐름을 그저 즐기듯 부드럽게 대하며 그 순간의 나를 느껴보는 것은 어떨까요? 좋은 곳으로 떠밀려 가고 있다고 믿으며 하늘을 바라보며 사는 지혜가 필요합니다.

을 '세월이 흐른다'라고 이야기합니다. 그렇습니다. 우리는 흐르는 세월 안에 있습니다. 하지만 세월만 흐르는 것이 아니라 세상도 흐르고 있습니다. 그래서 세상도 변하고 나도 변하게 됩니다.

모든 것은 흐름 안에 있습니다. 세상도 흐르고 나도 흘러가는데, 얼마나 역동적이고 얼마나 미지수의 삶인가요? 그래서 어디에 다다를지 알 수 없는 불확실성을 가지고 있습니다. 어떤 일이 일어날지 알 수도 없고, 내 마음처럼 되지도 않습니다.

그러므로 힘을 빼고, 그 흐름을 그저 즐기는 유연함이 필요합니다. 관건은 유연함입니다. 삶을 유연한 마음으로 바라봐야 합니다. 힘을 잔뜩 주고 서서, 조금이라도 성에 안차거나 내 생각과 다를 때 저항하고 부딪히는 것이 아니라 '그럴 수도 있지' 하는 마음으로 바라보아야 합니다. 삶은 투쟁도 아니고, 버티기 게임도 아닙니다. 그저 마음의 긴장을 풀고 흐름에 마음을 맡겨보십시오. 저항하지 말고 인정해야 합니다.

큰 물줄기의 강물 중간에 서 있다고 생각해 보십시오. 물줄기는 우리를 어디로 데려가려 합니다. 그저 힘을 빼고 그 흐름과 함께 한다면, 놀이하는 마음으로 흐름을 즐길 수 있습니다. 하지만 물을 거슬러 올라가려 하거나, 무엇인가를 붙잡고 서서 버티고 있다면 매우 고통스럽게 그 시간을 견뎌야만 합니다.

제 친구는 어떤 일이 생겨도 불평하지 않았습니다. 차분히 받아들였습니다. 분명 힘들고 아픈 일도 있었겠지만 항상 담담했습니다. 동그랗고 맑은 눈을 깜빡이며 "괜찮아. 좋아질 거야" 라며 웃곤 했습니다.

그녀는 자연스럽게 자신만의 흐름을 타다 여전히 아름다운 미소를 가지고 아름답게 늙어가고 있습니다. 그녀의 꿈인 행복한 엄마로서 말입니다. 세상을 마냥 좋은 에너지로 대하니, 세상은 언제나 그녀에게 친절한 것입니다.

우리도 삶의 자세를 조금은 유연하게 가질 필요가 있습니다. 지금까지 전투적인 심정으로, 혹은 버티는 마음으로 살았다면, 이제는 출렁이는 흐름을 그저 즐기듯 부드럽게 대하며 그 순간의 나를 느껴보는 것은 어떨까요?

되면 되는 대로, 안 되면 안 되는 대로, 힘들면 힘든 대로 그냥 인정하고 두는 것입니다. 다른 길로 가고 싶으면 그냥 다른 길로도 가보고, 포기하고 싶으면 놔줄 용기를 갖기도 하며, 담아둘 수 없다면 그냥 놓아줄 줄도 알면서 말입니다.

어차피 세상의 모든 것은 변합니다. 우리가 원하던 원하지 않던 물은 흐르고, 파도는 출렁입니다. 이왕 가는 거, 좋은 곳으로 떠밀려 가고 있다고 믿으며 하늘을 바라보며 사는 지혜가 필요합니다.

신기하게도 우주의 흐름은 우리를 좋은 곳으로 데려간다고 합니다. 목적지가 좋은 곳이라는 것을 안다면 중간에 비를 만나거나 약간 울퉁불퉁한 길을 가더라도 즐거울 수 있지 않을까요?

# 잠재의식을 알아야
# 세상의 힘을 이해한다

과학은 계속된 발전으로, 우주가 어떤 법칙으로 운동한다는 연구를 이뤄냈고, 여전히 많은 과학자들은 가설과 학설, 증명을 오가며 우주를 연구하고 있습니다.

그렇지만 우주는 아직 미지수의 세상입니다. 우주는 인간들의 상식을 넘어서는 크기로 존재합니다. 그래서 우주를 안다고 속단할 순 없습니다.

우리도 마찬가지입니다. 우리의 마음도 알 수 없는 세계를 담고 있습니다. 이 세계는 우리의 상식으로는 가늠이 안 되는 범위, 즉 우주와도 같은 범위를 갖고 있습니다. 그래서 마음의 세계 또한 미지수의 세계입니다.

우리가 알지 못하는 마음 세계는 잠재의식을 말합니다. 잠재되어 있는 세계이기에 우리의 이성적인 의식은 그것을 가늠할 수 없습니다. 그 세계가 우리 마음에 있습니다.

잠재의식 세계는 가늠할 수 없기에 무한한 가능성을 가지고 있습니다. 무한한 세계, 무한한 힘, 무한한 가능성. 이것이 바로 우리 안에 있는 것입니다.

그래서 위대한 성공을 거둔 사람들은 "안에 있는 잠재된 힘을 깨워라"라고 입을 모아 이야기했습니다. 그들은 그 힘에 대한 정체를 알고 있었을 겁니다. 그래서 그런 위대한 업적을 이룰 수 있었을 것입니다.

힘의 정체는 잠재의식 안에 있습니다. 잠재의식은 말 그대로 가능성의 세계입니다.


여러분은 습관의 무서움을 아실 겁니다. 아무리 습관을 바꾸려 노력해도, 습관은 쉽게 바뀌지 않습니다.

스스로가 꽤나 이성적이고 의식적으로 삶을 이끌고 있다고 생각하지만, 실상은 습관적이고 무의식적으로 삶을 이끌고 있습니다. 의식적으로 사는 것보단 습관을 반복하는 것이 더 쉬우며, 대부분의 말과 행동은 무의식에 의존합니다.

우리가 알아차릴 수 있는 의식의 세계보다, 알 수 없는 무의식의 세계가 훨씬 크고 강력하기 때문입니다.

사실 우리는 모든 것을 신경쓰며 살 수 없습니다. 예를 들어 심장이 어떤 속도로 뛰고 있는지 우리 의식은 신경쓰지 않습니다. 숨을 쉬어도 의식하며 쉬지 않습니다. 그냥 무의식적으로 숨을 쉬고 있습니다. 길을 걸으면서도 굳이 근육의 움직임과 발의 보폭, 걸음걸이 모양 등을 신경쓰며 걷지 못합니다. 이렇듯 대부분의 과제는 그냥 무의식에 맡겨버린 채, 다른 온갖 세상사 생각을 하며 살고 있습니다.


이 생명을 유지시키는 운동, 생활을 영위하는 선택은 대부분 의식이 아닌 무의식이 관할합니다. 의식은 모서리만 봉긋 솟아오른 빙산의 일각에 불과하지만, 무의식은 크기를 알 수 없는 거대한 빙산입니다. 우리가 자각하는 의식 세계는 그리 크지 않기 때문에, 그 순간 중요한 이슈들만 겨우 다룰 뿐입니다. 이슈 대부분은 과거에 대한 후회, 미래에 대한 걱정 등입니다.

> 잠재의식 세계는 가늠할 수 없기에
> 무한한 가능성을 가지고 있습니다.
> 무한한 세계, 무한한 힘,
> 무한한 가능성. 이것이 바로
> 우리 안에 있는 것입니다.

다시 말해 우리 삶을 이끄는 것은 무의식입니다. 내가 미처 깨닫지 못하는 무의식 세계가 나의 삶을 좌지우지하고 있습니다. 그러므로 잠재의식은 매우 중요한 의미를 지니고 있습니다.

잠재의식은 무의식 안에 조용히 가라앉아 있는 세계입니다. 이 세계는 미지수이기에, 가능성과 위험성을 함께 가지고 있습니다. 잠재의식이 긍정적인 방향으로 흐른다면 우리의 삶도 그렇게 흐를 것이고, 잠재의식이 파괴적이고 부정적으로 흐른다면 우리의 삶도 그리 될 것입니다. 우리 삶을 지배하는 것은 무의식에 있기 때문입니다.

우리가 무의식적으로 좋은 생각을 하고, 무의식적으로 바른 품행을 하고, 무의식적으로 포기를 모르고, 무의식적으로 차오르는 욕망과 열정을 강한 실행력으로 표출한다면, 삶은 점점 나아질 것입니다. 내 잠재의식에서 흘러나오는 좋은 덕목들은 의식적인 선택이 아닙니다. 그저 당연한 겁니다.

예를 들어 누군가에게 노력이란 안간힘을 쓰고 버티고 또 다짐하기를 반복하는 일이지만, 또 누군가에게 노력이란 당연한 겁니다. 그래서 힘들어도 참을 수 있고, 바로 결과가 나타나지 않아도 기다릴 줄 아는 것입니다. 그것이 결국 인내가 됩니다. 이렇게 하나의 좋은 의식은 또다른 좋은 의식을 낳습니다.

잠재의식의 힘은 우리가 상상할 수 없을 만큼 큽니다. 우주만큼 넓고, 바다만큼 깊은 그 세계엔 어떤 에너지와 힘이 있는지 헤아릴 수 없습니다. 그것을 다 알려고 하는 노력은 무의미합니다. 우린 그곳에 다다를 수 없습니다.

대신 그 힘을 이해하고 힘을 이용할 수는 있습니다. 우리는 그저 이용하는 방법만 알아내면 됩니다. 어차피 이 세상은 미지수의 세상이고, 미래도 미지수이고, 가능성도 미지수입니다.

그러니 지금도 늦지 않았습니다. 이 글을 읽고 있는 지금, 여러분의 미지수의 세계는 또 어떤 세계를 창조하고 있을지 모릅니다.

어쩌면 이 순간 여러분의 인생이 바뀌고 있을지도 모릅니다. 미지수의 세상이 어떻게 설계되고 있는지는 신만 알기 때문입니다.

# 30

## 나의 성공을 이미 알고 있다

우리는 부자가 되고 싶어 합니다. 그래서 부자가 되는 것을 목표로 삼기도 합니다. 자, 그럼 무엇부터 시작해야 될까요?

여러분은 아마도 수입을 늘리는 것에 주목할 것입니다. 좋은 직장에 취업하길 원하거나, 사업을 시작하기도 합니다. 부동산, 주식 등 재테크 방법에 대해서도 공부할 것입니다. 목표로 삼은 것을 이루기 위해, 내가 원하는 것을 얻기 위해 노력할 것입니다.

여러분은 자신이 당연히 부자가 될 것임을 알고 있습니까? 부자가 되길 원하지만 부자가 되는 것은 어려울 것이라 생각하십 니까? 노력은 우리의 의지적인 과정이지만, 믿음은 마음의 영역 입니다. 의지적으로 믿음을 갖고자 노력하는 것은 무의미하며 불가능합니다. 말과 생각으로는 믿는다고 하지만 마음이 믿지 않는다면 아무 소용이 없습니다. 잠재의식은 이 믿음 체계를 관 할하는 곳입니다. 다시 말해서 잠재의식의 세상은 내가 믿고 있 는 세계입니다.

잠재의식은 정확하게 세 가지로 섹터를 구분하고 있습니다.

- 바라는 것
- 믿는 것
- 아는 것

바라는 것보다 더 강력한 것은 믿는 것입니다. 믿는 것보다 더 강력한 힘은 아는 것, 즉 잠재의식에서 당연하게 받아들이는 세 계입니다. 잠재의식이 믿는 세상이 실현되는 것은 자연스러운 과정입니다. 왜냐하면 잠재의식은 강력한 창조력을 가지고 있 기 때문입니다. 잠재의식에 숨겨진 것들은 아무리 깊은 곳에 숨어 있더라도 언젠가 바깥으로 표현됩니다. 그것이 긍정적인 세상이던 부정적인 세상이던 말입니다.

우린 부자 되기를 원합니다. 대부분의 사람은 그것을 소원하고 혹은 목표로 둡니다. 그 마음은 바라는 상태에 머물러 있습니다. 간절하게 원하던, 덜 원하던 어차피 그곳은 바람의 섹터입니다.

이 섹터엔 큰 특징이 있습니다. 언제든 의심의 씨앗이 뿌리를 내릴 수 있고, 확신이 없기에 불안정합니다. 그리고 무엇보다 조급합니다. 바라는 모습이 내 눈앞에 빨리 실현되기를 원하고, 언제 실현되는지 궁금해 합니다.

또한 이 섹터의 창조력은 사실상 원하는 모습을 만들어내지 못합니다. 자신의 마음이 불안정하기 때문에, 불안정한 세계가 창조될 뿐입니다.

그리고 일부는 자신이 부자가 될 것이라고 믿고 있습니다. 단순히 바라는 것보다는 확신이 더 들어간 부분으로 의심의 씨앗이 조금밖에 없는 상태의 섹터입니다. 그들은 믿음을 가지고 있기에 더욱 확신을 가질 수 있습니다. 그리고 그 믿음대로 이루어지게 노력합니다.

믿음의 영역은 조금씩 창조력을 발휘합니다. 조금 늦게 실현될 순 있지만 믿음의 섹터는 기다릴 줄도 알기에 인내할 수 있습니다. 믿음과 인내가 서로 흔들리지 않고 지탱해 주면, 창조력은 조금씩 발휘되어 원하는 삶이 이끌려 나옵니다.

> 바라는 것보다 더 강력한 것은 믿는 것입니다. 믿는 것보다 더 강력한 힘은 아는 것, 즉 잠재의식에서 당연하게 받아들이는 세계입니다. 여러분의 믿음이 바뀌면, 인생도 바뀔 것입니다.

단 이 섹터엔 언제든 의심의 씨앗이 자라날 수 있습니다. 그래서 한순간에 사라질 수도 있습니다. 우리 마음은 불확실성의 세계이기 때문입니다.


그리고 일부는 자신이 당연히 부자가 될 것임을 알고 있습니다. 의심의 씨앗이 전혀 없습니다. 자기가 아는 세상에서 존재하는 한 자신은 부자이거나 부자가 될 것임을 의심하지 않습니다. 재벌가에서 태어난 자녀들은 자신들이 이 세상을 마주한 순간부터 이미 부자였고, 주위 사람들도 모두 부자고, 자신의 미래도 당연히 부자일 것이라 믿어 의심치 않습니다.

이 잠재의식 섹터는 굳이 되기를 소망하지 않습니다. 될 것이란 믿음도 필요하지 않습니다. 왜냐하면 이미 당연히 될 것임을 알고 있기 때문입니다. 잠재의식에서 가장 강력한 창조력을 갖고 있는 섹터는 알고 있음의 섹터입니다. 그것은 강력한 신념이기도 합니다.

- 태어난 순간부터 아름다운 외모를 가진 사람이 있습니다. 그는 자신이 이미 아름답다는 것을 알고 있지, 아름다운 사람이 되기를 원하거나 믿으려 노력하지 않습니다.
- 사람들에게 늘 사랑을 받는 사람이 있습니다. 그런 사람은 자신이 어디서나 사랑받는 존재임을 이미 알고 있습니다.
- 늘 정직하고 성실한 사람이 있습니다. 그런 사람은 어디서나 정직하고 성실하게 생각하고 행동합니다. 그것은 그에게 당연한 것입니다.

이미 알고 있는 사람들은 굳이 바라지도, 믿음을 가지려고 노력하지도 않습니다. 당연한 것이라 생각할 뿐입니다. 이처럼 원하는 세상을 바라고 믿는 차원이 아닌, 당연한 듯 기다려야 합니다.

물론 신념은 하루아침에 바뀌는 것이 아닙니다. 신념은 여러분이 태어나기 전부터 새겨진 것일 수도 있기 때문에, 우리가 생각하는 것보다 더 깊고 단단합니다. 그러므로 부정적인 신념이 있다면 지루하지만 철거작업을 시작해야 합니다.

나는 사랑받지 못하는 사람이다.

나는 못난 사람이다.

세상은 힘든 곳이다.

내 능력은 여기까지가 한계다.

이런 신념은 매우 위험하고 파괴적입니다. 이런 신념을 갖고 있는 한 발전은 언제나 버겁고 더딥니다. 그러니 쓸모없는 신념은 뿌리째 뽑고 새로운 믿음을 조금씩 심어야 합니다.

나는 사랑받기 위해 태어난 사람이다.

나는 장점과 매력이 많은 사람이다.

내가 노력하면 이룰 수 있다. 세상은 내 편이다.

나는 할 수 있다.

여러분의 믿음이 바뀌면, 이 사실을 알고 있다면 자연스럽게 인생도 바뀔 것입니다. 잠재의식의 무한한 힘이 여러분을 도울 것이기 때문입니다.

# 31

## 당신이 피어나는 때가 있다

《오프라 윈프리 쇼》에서 〈시크릿 편〉을 방송했을 때 '비전 보드'라는 것을 소개했습니다. 비전 보드를 만들어 그것을 바라보기만 하면, 언젠가 그 꿈이 이루어진다는 이야기였습니다.

그러면서 한 출연자가 자신의 오래전 비전 보드를 공개했습니다. 놀랍게도 비전 보드엔 오프라 윈프리의 사진이 붙어 있었고, 비전 보드를 소개하는 그 순간이 그녀의 꿈이 이루어지는 순간이었습니다. 왜냐하면 바로 옆에 오프라 윈프리가 앉아 있었기 때문입니다.

그곳에 있던 사람들은 모두 놀라워하며 외쳤습니다.

"꿈이 이루어졌군요!"

자신의 꿈과 목표를 사진으로 붙여놓으면, 3년에서 5년 후에 그 꿈이 이루어진다고 합니다. 정말 신기하죠?

이것을 알게 된 저도 1년 전에 비전 보드를 만들었습니다. 보드 안에 제 꿈을 담은 다양한 사진을 넣었는데, 그 중 하나가 서점 베스트셀러 코너 사진이었습니다. 저는 언젠간 책을 출간하고자 하는 꿈이 있었기에 그 소망을 담은 사진을 붙였습니다. 그리고 1년 6개월이 지난 지금 책으로 여러분을 만나고 있습니다. 물론 베스트셀러 코너에 이 책이 들어갈지는 알 수 없지만, 그래도 전 꿈을 이룬 것입니다.

정말 사진을 붙여놓고 쳐다만 봐도 소원이 이루어질까요? 그건 무슨 원리일까요?

비전 보드는 잠재의식 속 씨앗과 관련이 있습니다. 내가 꿈꾸는 삶을 단지 상상으로 끝내는 것이 아니라, 그림이나 사진을 통해 구체적인 이미지로 인식하는 것입니다. 내가 그 꿈을 이루었을 때 어떤 모습일까를 표현해 줄 수 있는 이미지가 중요합니다.

예를 들어 예쁜 아기를 안고 있는 엄마의 사진, 살고 싶은 멋진 집의 사진, 갖고 싶은 통장 잔고 사진, 가고 싶은 나라의 여행 사진 등 모든 것이 내 꿈의 자료가 될 수 있습니다.

그리고 그 이미지를 잘 보이는 보드에 붙인 다음 계속 바라봅니다. 그 꿈을 이룬 자신을 상상하고, 감정을 미리 느껴봅니다. 비전 보드의 가장 큰 장점은 꿈의 사진을 보며 미리 생생하게 느껴보는 것입니다.

단지 좋은 것이라고 무조건 덕지덕지 붙여선 안 됩니다. 꿈 안에서 살아 움직이는 나를 미리 체험해 볼 수 있을 정도로 느낌을 가져올 수 있어야 합니다.

그러면 내 꿈을 두리뭉실한 상상이 아닌, 정확한 색과 형상으로 기억하게 됩니다. 그리고 그것은 모두 생각의 씨앗이 되어 정보로 입력됩니다. 단순히 '~하면 좋겠다' 라거나 '~을 하고 싶어!'로 끝내면 안 됩니다.

되고 싶고 갖고 싶은 것을 직접 사진으로 보면 잠재의식은 더욱 정확한 정보를 얻어, 내 현실을 창조하는데 그것을 참고하게 됩니다. 머리로만 그리는 것이 아니라 눈으로 목격하는 꿈은 더

욱 명확한 씨앗이 되어 잠재의식에 심어
지게 됩니다.

잠재의식에서 뿌리를 내리면 현실에
서 이루어질 수 있습니다. 잠재의식은 강
력한 창조력을 갖고 있기 때문입니다.

> 소원하는 꿈이 '언제, 어떻게
> 나에게 올 것인가' 하는 고민은
> 하지 마십시오. 모든 것은 때가
> 있는 법입니다. 그저 지금을 즐길
> 수 있는 자로서 자신의 꿈을
> 사랑하십시오. 그것이 여러분의
> 것이 될 것임을 믿으며 말입니다.

우주는 꿈을 실현시키기 위한 설계도를 짭니다. 우주의 시나
리오는 인간의 영역이 아닌 만큼 매우 정교하고 창의적입니다.
우주(신)의 지능을 우리가 따라갈 순 없습니다. 그래서 우리의
꿈이 언제, 어떤 방법으로, 어떤 모습으로 나타날지는 아무도 모
릅니다.

그래서 비전 보드를 만들었어도 당장 상황이 바뀌진 않습니
다. 하지만 어떤 흐름이 우리를 그곳으로 인도할 수는 있습니다.
잠재의식은 그 사진 속의 한 부분으로 우리를 데려가려 다양한
일과 상황과 우연을 기획하기 때문입니다.

제 말이 의심되거나 믿을 수 없다면 차라리 비전 보드를 만들
지 말거나 아니면 그냥 즐기는 차원에서 감상만 하시기 바랍니
다. 잊고 지내면 최소한 그것이 나에게 언제 올지 몰라 조급해

하진 않을 것이기에 실천력은 덜 생겨도, 최소한 방해는 하지 않을 것입니다.

조급함은 비전 보드의 치명적인 방해요소입니다. 창조 작업 자체를 기다리지 못하고 의심을 하면 오히려 부정적인 생각이 잠재의식 속에 심어집니다. 그러면 가만히 있었을 때보다 더 안 좋은 결과를 가져옵니다.

한겨울에 개나리꽃이 피게 해달라고 아무리 백일기도를 하고 굿을 해도 개나리꽃은 피지 않습니다. 봄이 되어야 핍니다. 그러니 한겨울에 개나리꽃이 피지 않는다고 울고불고 할 필요가 없습니다. 쓸데없이 에너지만 소비하게 될 뿐 아니라, 씨앗을 밟아버리는 일이 벌어지게 됩니다. 모든 일엔 다 때가 있다라는 것을 자연은 이미 알고 있습니다.

잠재의식은 명확하게 박혀있는 이미지에 생생하게 반응합니다. 그것은 창조의 재료이기 때문입니다. 그러므로 절대 창조의 힘, 꿈의 실현, 원하는 삶 등을 포기하거나 의심해서는 안 됩니다. 잠재의식의 힘을 믿어야 합니다.

소원하는 꿈이 '언제, 어떻게 나에게 올 것인가' 하는 고민은 하지 마십시오. 모든 것은 때가 있는 법입니다. 그저 지금을 즐

길 수 있는 자로서 자신의 꿈을 사랑하십시오. 그것이 여러분의
것이 될 것임을 믿으며 말입니다.

# 32

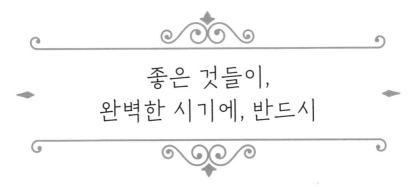

## 좋은 것들이,
## 완벽한 시기에, 반드시

꿈이 갈팡질팡 하는 사람은 목표도 갈팡질팡합니다. 그리고 자신이 원하는 것이 무엇인지 확신하지 못하고 계속 이랬다저 랬다 선택한 것을 바꿉니다. 이것은 자신이 무엇을 추구하고, 무 엇을 해야 좋아할 사람인지 알 수 없기에 나오는 현상입니다.

확신이 없는 꿈은 이루어지지 않습니다. 꿈을 이루기 위해선 아주 정교한 설계와 많은 에너지와 시간이 필요합니다. 그래서 꿈이 명확하지 않으면 시간 낭비, 에너지 낭비, 감정 낭비만 하게 됩니다. 무엇보다도 이루어질 확률 자체가 현저히 떨어집니다. 꿈이 이루어지길 원한다면 꿈을 명확히 해야 합니다.

하지만 많은 사람이 이렇게 이야기합니다.

"제가 좋아하는 게 뭔지, 제가 되고 싶은 게 뭔지 저도 잘 모르겠어요."

우리는 자신이 무엇을 원하는지, 무엇을 하고 싶은지 잘 모릅니다. 왜냐하면 꿈과 목표를 진지하게 고민하기도 전에, 사회가 먼저 나에게 정답지를 주기 때문입니다. 정답은 이미 정해져 있고, 우리가 그것을 해내면 성공이고, 그렇지 못하면 실패입니다. 우리는 자신의 고유한 선택지는 빼앗긴 채, 그렇게 교육을 받으며 자랐습니다.

그래서 공부를 해야 했고 좋은 성적을 받아야 했고 좋은 학교를 가야 했습니다. 그런 모든 결실은 좋은 직장을 얻기 위한 것임에도 불구하고 그것을 왜 해야 하는지는 어느 누구도 설명해주지 않았습니다. 그저 "너 좋으라고…" 하고 대답할 뿐입니다.

내가 정한 꿈이 아니라 정해진 룰에 따라 움직이다가 어른이 되었습니다. 그리고 어느 순간부턴 그저 먹고 살기 위해 일을 할 뿐이라고 고백하고 있습니다.

하지만 꿈은 동화 속 이야기처럼 먼 나라의 이야기가 아닙니다. 원하는 것을 갖는다는 것은 멋진 여행이고, 누구나 그 여행을 즐길 수 있습니다. 그리고 새로운 여정은 우리를 늘 성장하게 합니다.

꿈을 찾는 방법을 잊었거나 포기한 분을 위해 꿈을 찾는 방법을 알려드리겠습니다.


첫 번째 방법 : 나는 어떤 사람이 되고 싶은가?


우리는 무엇을 갖고 싶은지에 대해 집중할 때가 많습니다. 하지만 가장 먼저 집중해야 할 것은 어떤 사람이 되느냐입니다.

어떤 모습으로 나이가 들고 싶으신가요? 50년 후의 내 모습을 상상해 보기 바랍니다. 어떤 모습이 되어 있을 때 가장 기쁠 것 같나요? 어떤 사람이 되어서 이 세상을 떠나고 싶으신가요?

이것은 인생 숙제이기도 합니다. 탐욕스럽고 험악한 인상으로 이 세상을 떠날지, 온화하고 우아한 모습으로 이 세상을 떠날지, 누군가를 평생 미워하고 세상을 원망하다가 떠날지, 사랑을 베풀고 모두에게 감사하는 마음으로 살다가 떠날지, 자기 자신 밖에 모르는 인색한 사람이 되어 떠날지, 많은 사람에게 나눠주고 봉사하며 살다 떠날지, 두려움이 가득하여 아무것도 못하는 사람으로 떠날지, 용기있게 도전하여 원하는 것을 이루고 떠날지 아무도 모릅니다.

꿈을 찾기 전 내가 어떤 사람이 되어야 하는지 먼저 선택하기 바랍니다. 그리고 그 방향을 지향하며 살아야 합니다. 우리는 언제나 '되어감' 안에 있기 때문입니다.

두 번째 방법 : 나는 어떤 가치를 추구하는 사람인가?

우리는 각자의 가치를 추구하며 살아갑니다. 누군가는 성공에, 누군가는 물질에, 누군가는 명예에, 누군가는 권력에, 누군가는 아름다움에, 누군가는 평화에, 누군가는 사랑에, 누군가는 가족에, 누군가는 자유로움에, 누군가는 봉사에 가치를 두고 삽니다.

정답이란 없습니다. 고귀한 가치와 저급한 가치란 따로 없습니다. 모두 우리가 선택한 인생이기 때문입니다.

단지 기억해야 하는 것은 내가 선택한 가치에 영적인 충만함이 없다면 힘들어질 수 있습니다. 예를 들어 돈, 권력, 명예는 헐벗고 무인도에 떨어진다면 전혀 추구할 가치가 없는 것들이 되어버립니다. 왜냐하면 이것은 사회적인 가치이기 때문입니다.

하지만 영적인 가치는 목표가 아닌 목적이 될 수 있습니다. 어떤 일이 있어도 나를 지탱해 주는 진정한 힘은 영적인 힘에서 나옵니다. 영적인 가치는 영혼이 추구하는 것이고, 영혼은 우리의 육체와 이성이 힘을 잃었을 때도 절대 파괴되거나 힘을 잃지 않는 순수한 자아입니다.

그래서 난 어떤 가치를 두고 살아야 행복한 사람인가를 깊게 고민해야 합니다.


무엇보다 중요한 것은 삶의 조화입니다. 조화로움이 무너지면 삶이 무너지게 됩니다. 그리고 많은 가치를 추구하면 추구할수록 더욱 신경 쓸 게 많아지고 힘들어지는 건 당연합니다. 좋은 것들을 모두 추구하며 살고 싶지만, 어느 정도 시간과 에너지의 한계를 가지고 있으므로 욕심과 내려놓음을 끝없이 조율해야 합니다.

자신에게 우선인 가치를 먼저 챙기기 바랍니다. 여러분에게 제1순위 가치는 무엇입니까?

편안해야 합니까? 그럼 마음 속에 연연하는 많은 것을 놓아야 합니다. 많은 것을 가져야 합니까? 그럼 많은 것을 내 것으로 만들기 위해 힘써야 합니다. 시간의 자유로움을 추구합니까? 그러면 시간에 얽매이는 일은 선택하지 말아야 합니다. 행복해야 합니까? 그럼 불행한 일에 더 이상 끌려 다니지 말아야 합니다. 성공하고 싶습니까? 힘들고 불편하고 즐겁지 않아도, 도전하고 앞을 향해 달리기 바랍니다.

> '나에게 가장 좋은 것들이, 가장 완벽한 시기에, 반드시 올 것임을 믿습니다!' 각자에게 좋은 삶은 따로 있습니다. 우리는 각각 다른 빛으로 빛나는 별들이기 때문입니다. 그래서 나만의 빛으로 빛날 때가 가장 아름답습니다. 그리고 내가 있어야 할 곳에 있어야 행복합니다.

세 번째 방법 : 내 마음과 생각과 영혼이 일치하는 꿈은 무엇인가?

꿈은 내 마음과 생각과 영혼이 합의를 이룬 것이어야 합니다. 머리로는 원하지만 마음이 원하지 않을 수 있습니다. 생각과 마음은 원하는데 나의 영혼이 동의하지 않을 수 있습니다.

생각보다 이 작업은 아주 힘든 작업니다. 왜냐하면 우리는 마음을 잘 이해하지 못할뿐더러, 생각은 계속 바뀌고, 영혼이 어떤 존재인지조차도 정확하게 알지 못하기 때문입니다.

우리는 생각과 마음과 영혼이 함께 원하는 꿈을 찾아야 합니다. 합일이 이루어지지 않으면 꿈을 이루기까지 많은 시간과 노력이 들고 어려움이 따릅니다.

만약 생각으로만 꿈을 정한다면 마음이 내켜하지 않거나, 영혼이 슬퍼합니다. 어떻게든 마음에 들어야 하고 영혼이 기뻐하는 꿈을 가져야 합니다.

마음에만 귀를 기울여 꿈을 정해도 안 됩니다. 왜냐하면 마음만 앞서다 보면 생각이 자꾸 의심을 하게 됩니다. 합리적이고 이성적인 의심은 꿈을 이루는데 있어서 걸림돌이 됩니다.

영혼이 원하는 대로만 급히 나아가도 안 됩니다. 물론 영혼이 원하는 것은 거의 정답에 가깝습니다. 하지만 너무 급하게 영혼이 원하는 대로만 하려다 보면 생각은 섣부른 판단으로 자신과 주위 사람을 힘들게 할 수 있고, 마음은 매우 불안해 합니다. 영혼이 원하는 곳을 추구하더라도 생각과 마음의 동의를 얻기 위해 진지하게 다가가야 합니다.

'나에게 가장 좋은 것들이, 가장 완벽한 시기에, 반드시 올 것임을 믿습니다!'

이렇게 외치십시오. 각자에게 좋은 삶은 따로 있습니다. 우리는 각각 다른 빛으로 빛나는 별들이기 때문입니다. 그래서 나만의 빛으로 빛날 때가 가장 아름답습니다. 그리고 내가 있어야 할 곳에 있어야 행복합니다. 나에게 가장 좋은 것들이 찾아올 것이란 믿음을 갖기 바랍니다. 가장 완벽한 때에, 완벽한 모습으로 찾아올 것입니다. 그게 언제인진 모르지만 '온다는 것은 확실하다'고 믿으십시오.

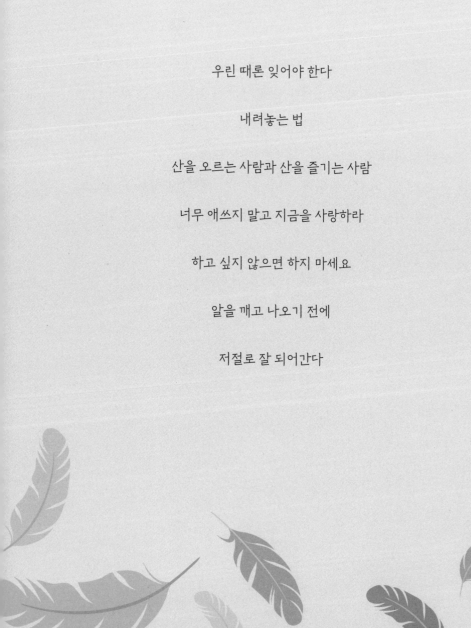

우린 때론 잊어야 한다

내려놓는 법

산을 오르는 사람과 산을 즐기는 사람

너무 애쓰지 말고 지금을 사랑하라

하고 싶지 않으면 하지 마세요

알을 깨고 나오기 전에

저절로 잘 되어간다

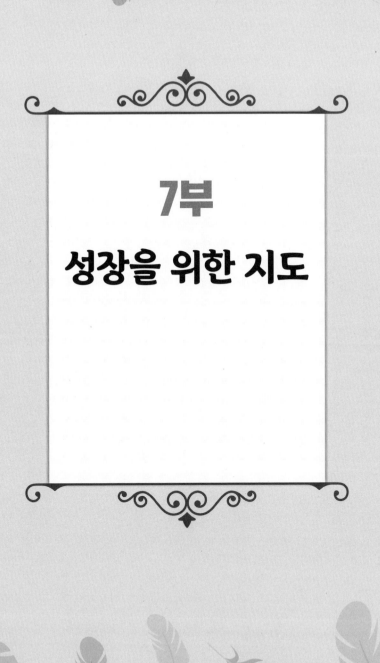

# 7부

# 성장을 위한 지도

문제가 없다는 것을 깨달아야 한다.

오직 지금의 상황이 있을 뿐이다.

문제는 마음이 만드는 것이다.

- 에크하르트 톨레

# 33

## 우린 때론 잊어야 한다

"그냥 이쯤에서 내려놓아!"

"그냥 잊어버리고 다시 시작해 보자."

"그냥 훌훌 털어버려!"

고민하고 있는 지인에게 위와 같은 조언을 많이 합니다. 사실
내려놓으라는 말은 가장 일반적인 조언이면서, 가장 현명한 조
언이기도 합니다. 객관적으로 상대를 바라보았을 때, 가장 좋은
방법은 그냥 내려놓는 것이 정답일 때가 많습니다.

하지만 당사자는 내려놓을 용기가 없는 것인지, 아니면 집착 때문인지 내려놓으라는 조언을 쉽게 받아들이지 못합니다. 어쩌면 아쉽고 두렵기 때문일 수도 있습니다.

마이클 A. 싱어의 《될 일은 된다》라는 책을 보면 저자가 전 생애에 걸쳐 직접 실험한 내려놓음에 대한 삶의 경험이 나옵니다. 마이클 A. 싱어가 행했던 내려놓음이란 무저항에 가깝습니다.

저자는 삶을 의지적으로 통제하는 것이 아닌, 모든 것을 깊은 영적인 차원에서 수용하면 어떤 일이 일어날지 궁금해 합니다. 그래서 직접 자신의 전 생애에 걸쳐 실험을 해보기로 결심합니다.

어떤 상황, 어떤 제안, 어떤 기회 등이 생기면 저항하지 않고 무조건 허용합니다. 마음속에서는 하기 싫으니 거절하라고 외쳐도, 이를 애써 외면하고 묵묵히 상황을 수용합니다. 하고 싶지 않아도, 생각이 저항해도 예외 없이 모든 것에 순응합니다. 겉으로 봤을 땐 손해 보는 일임에도 불구하고 감정적, 시간적 손해를 감수하고라도 모든 것을 받아들이고 순응합니다. 단 어떤 일을 하던 정성을 다하고 최선을 다합니다.

그런데 이상하게도 생각지 못했던 기적과 같은 일들이 연속해서 일어납니다. 그가 최선을 다해 완성시킨 모든 비즈니스는 대성공을 거두고, 결국 세계적인 다국적 그룹의 CEO가 됩니다.

그는 원래 학자였지 사업가가 아니었습니다. 한 번도 원하지도 예상하지도 못했던 삶이 저절로 펼쳐진 것입니다. 그는 내려놓음의 실험으로 고속성장을 하게 되었고, 결국 최상류의 삶을 살게 됩니다.

> 내려놓음이 필요합니다. '그저 잘 되어가는 과정이겠지'라며 그 상황을 묵묵히 받아들이는 것이 더 합리적인 선택이 될 수 있습니다. 내려놓음은 포기가 아닙니다. 그것은 삶에 대한 헌신과 사랑입니다. 내려놓음으로 마음의 고통으로부터 자유로워지기 바랍니다.

누구나 마이클 A. 싱어처럼 살 수 있는 것은 아닙니다. 깊은 명상과 수행을 통한 세상의 이해가 없는 상태에서 무작정 따라 하는 것은 쉽지 않을 뿐더러 위험성까지 안고 있습니다.

예를 들어 불합리한 상황에서 벗어나거나 극복하려는 의지를 아예 내려놓고 그저 순응을 한다면 문제는 악화될 수 있습니다. 내려놓음의 경계와 범위는 개인차가 있음을 반드시 인지해야 합니다.

하지만 본질은 아래와 같습니다.

(1) 때론 나의 판단과 고정관념을 내려놓아야 한다.

(2) 때론 내 뜻대로 되지 않는 것들을 내려놓아야 한다.

(3) 때론 붙잡고 있는 상처와 욕망을 내려놓아야 한다.

(4) 내가 할 수 있는 한 과정에 최선을 다하되, 결과는 마음을 내려놓고 기다려야 한다.

마이클 A. 싱어는 삶엔 예측하기 어려운 큰 흐름이 있음을 실험해 보고 싶었던 것 같습니다. 삶의 흐름은 어떤 목적점을 두고 그 방향으로 우리의 인생이 흐르는 것을 말합니다.

우리는 그 흐름을 눈치 채지 못할뿐더러 목적점이 어디인지조차도 예상하기 어렵습니다. 그러기에 지금 발생하는 모든 일을, 내 의지대로 쥐락펴락할 수 없습니다.

따라서 내려놓음이 필요합니다. '그저 잘 되어가는 과정이겠지'라며 그 상황을 묵묵히 받아들이는 것이 더 합리적인 선택이 될 수 있습니다.

내려놓음은 포기가 아닙니다. 그것은 삶에 대한 헌신과 사랑입니다. 내려놓음은 모든 것을 내려놓고 자포자기의 마음으로 산다던가, 무기력한 마음으로 살라는 이야기가 아닙니다. 상황에 대한 순응과 에고가 지배하는 판단의 거부와 이미 주어진 삶에 정성을 다하는 작업입니다.

자연스럽게 그 상황을 놓아주지 않으면 부정적인 마음과 생각이 꼬리를 물며 떠오를 것입니다. 그저 상황을 인정하고, 방방 뛰는 마음을 내려놓는 것이 유일하게 그 상황에서 벗어나는 방법입니다.

우린 아주 심플해져야 합니다. 이미 벌어진 현실을 인정하고 다음의 행동을 계획해야 합니다. 생각이 과거에 꽁꽁 묶여 울부짖을 것이 아니라, 지금 이 순간 내가 해야 할 행동에 초점을 맞춰야 합니다. 이미 종료된 상황을 붙들고 안타까워할 것이 아니라 마음을 내려놓아야 합니다. 어쩔 수 없는 일에 대해선 마음을 비우고, 생각을 가볍게 하고, 내려놔야 합니다. 그것이 순응입니다. 내가 어찌할 수 없는 일에 대해서, 이미 지나간 일에 대해서 울고 고통스러워해도 달라질 것은 없습니다.


'왜 하필 이런 일이 생긴 거야?'

'어떻게 나한테 이럴 수 있어?'

'도대체 이해할 수 없어!'

우리는 이미 벌어진 일에 '왜', '어떻게', '도대체'를 외치며 그 상황을 수용하지 못하고 저항합니다. '그냥 그런가보다'가 되지 않습니다. 이게 바로 '에고'의 판단입니다.

'에고'란 우리가 가짜로 만들어낸 자아입니다. 가짜 자아인 에고가 만들어내는 불평, 불만, 불안이 끊임없이 나를 뒤흔듭니다. 에고는 있는 그대로를 순응하지 못하게 하고 온갖 저항을 불러일으켜 최대한 상황을 질질 끌고 가려고 합니다.

내려놓음의 반대말은 집착입니다. 집착은 모든 번뇌의 시작입니다. 성공에 대한 집착, 일에 대한 집착, 사랑에 대한 집착, 사람에 대한 집착, 돈에 대한 집착, 자식들에 대한 집착 등 어떤 집착이던 그 규모가 커지면 커질수록 번뇌도 함께 늘어납니다.

집착을 내려놓으면 놀랍게도 삶의 질이 좋아집니다. 그만큼 마음이 편안해지기 때문입니다.

하루를 살아도 순간순간을 편안함으로 산다는 것은 축복입니다. 마음이 평화로워야 합니다. 삶을 안정이 아닌 불안함으로 채운다면 내가 가진 물질과는 상관없이 삶의 질은 확연히 떨어질 수밖에 없습니다.

마음의 평화를 추구하십시오. 내려놓음으로 마음의 고통으로부터 자유로워지기 바랍니다. 붙잡고 있는 아픔과 고통의 생각을 흘려 보내기 바랍니다. 고통이 감히 머물지 못하도록 말입니다.

# 34

## 내려놓는 법

저는 내려놓음을 통해 참으로 많은 변화를 겪었습니다. 자격지심을 내려놓았고, 성과에 대한 집착도 내려놓았습니다. 의지적으로 해결되지 않는 문제는 놔버리고 두 번 다시 그 문제로 고민하지 않았습니다. 그러니 자연스럽게 고민의 70%가 사라졌습니다.

가시적인 변화도 놀라웠습니다. 오랫동안 고통 받았던 질병인 만성비염으로부터 완전히 자유로워졌고, 예기치 못했던 선물도 자주 받게 되었고, 경제적으로도 조급해 하지 않았습니다.

모든 삶이 안정을 되찾아 가면서 그제야 숨을 돌릴 수 있게 되었습니다. 새로운 세상에 다시 태어난 것처럼 세상이 정겹고 따뜻하게 느껴졌습니다.

내려놓음을 실천한다는 것은 매우 어렵습니다. 왜냐하면 머리로는 '내려놓자!'라고 생각하지만 마음은 그것을 놓아주려 하지 않기 때문입니다. 따라서 이 작업은 유연하고 편한 마음으로 천천히 연습해야 합니다. 잘 되지 않는다고 걱정하거나 조급해 해서는 안 됩니다.

편한 마음으로 조금씩 연습하기 바랍니다. 다음의 두 가지 방법은 내려놓음을 실천하는 데 도움이 될 것입니다.

첫 번째, 나로부터 한걸음 물러나기

나로부터 물러나기는 내 자신을 객관적으로 바라보게 해주며, 동시에 고통과 고민에서도 한걸음 뒤로 물러나게 해줍니다. 한걸음 물러나서 바라보면 상황을 객관적으로 바라볼 수 있습니다.

고민하는 나, 아파하는 나, 슬퍼하는 나, 어쩔 줄 몰라 하는 나의 상황을 타인의 상황이라고 생각하며 바라보십시오. 문제를 안고 있다면, 왜 그런지 관찰하고 그저 친구의 고민을 풀어주듯 생각하기 바랍니다. 절대 감정이 이입되어선 안 됩니다. 내 일이 아니라, 타인의 일이라고 여겨야 합니다.

예를 들어 영화를 보고 있다고 상상해 보십시오. 영화를 보다 보면 주인공의 감정에 이입되긴 하지만, 완전히 내 일처럼 느껴지진 않습니다. 왜냐하면 관객은 그저 상황을 지켜보는 관찰자이기 때문입니다. 스크린 안에선 난리법석이 일어나도 그건 어차피 내 문제가 아닌, 주인공의 문제이므로 우린 편안한 마음으로 영화를 관람할 수 있습니다.

"에구! 저렇게 힘들어 하지 않아도 되는데…. 나중에는 다 잘되는데…"

우리는 힘든 일을 겪고 있는 주인공을 응원할 수 있습니다. 결국 모든 일이 잘 해결될 것이라 믿기 때문입니다. 이처럼 전지적 시점으로 나의 상황을 지켜보십시오. 잠시라도 과감하게 아픔에서 멀어지고 거리를 두십시오. 그러면 해결 방법이 보일 것입니다. 나로부터 물러나기는 고통 없이 문제를 풀 수 있는 유일한 기회이기도 합니다.

두 번째, 통제하려는 마음 거두기

모든 것을 나의 통제 아래 두려는 마음이 제일 위험합니다. 그것은 아예 불가능할 뿐더러, 엄청난 번뇌를 유발하는 출발점이기 때문입니다. 내가 어찌할 수 없는 영역의 일들은 그냥 내려놓으십시오. 나의 통제가 불가능한 일에는 신경을 쓰지 않는 것이, 통제하려는 마음 거두기입니다.

세계적인 피겨스케이터 김연아 선수는 제가 존경하는 사람 중의 한 명입니다. 그녀는 벤쿠버 올림픽 전에 쓴 자서전 《김연아의 7분 드라마》에서 이런 이야기를 했습니다.

"나는 훈련에 최선을 다했고, 금메달은 하늘이 주시는 거다."

맞습니다. 정말 멋진 말입니다. 과정은 나의 몫이기에 최선을 다하지만, 결과는 하늘의 영역이기에 연연해 하지 않습니다. 과정에 있어서는 내 의지대로 할 수 있지만 결과는 내 마음대로, 내 의지대로 만들 수 없습니다. 그것은 우리의 관할이 아니기 때문입니다.

누군가를 사랑할 순 있지만, 상대가 자신을 사랑하게 통제할 수는 없습니다. 자녀를 사랑과 정성으로 키울 순 있지만, 자신의 마음대로 좌지우지할 수는 없습니다. 내가 친절을 베풀 수는 있지만, 모든 사람이 나에게 친절을 베풀 것이라 기대할 수는 없습니다.

이처럼 모든 일이 내 의지대로 되는 것도 아니고 내가 통제할 수 있는 것도 아닙니다. 내 마음이 이렇다고 한들, 모두가 알아주지도 않을 뿐더러 뜻대로 되지도 않습니다.

그러니 어떤 결과가 주어지든 '그런가보다' 하고 받아들여야 합니다. 그건 어쩔 수 없습니다. 좋은 소식이든 나쁜 소식이든 모두 나름의 이유가 있다고 생각하는 것이 편합니다. 이미 벌어진 일에 대해선 저항하지 말고, 묵묵히 인정하기 바랍니다. 우리가 할 수 있는 것은 다음 과정을 선택하는 것뿐입니다.

통제하려는 마음으로 인한 불평불만이 밀려오면, 조용히 몸과 마음의 긴장을 이완시키고 힘을 푸십시오. 그냥 상황을 지켜보기만 하고, 더 이상 관여하지 마십시오. 어차피 세상은 내 마음대로 돌아가지 않습니다. 날씨, 교통상황, 친구들, 사회관계, 직장, 가족 등 내 마음대로 컨트롤할 수 있는 것은 없습니다. 안 되는 건 안 되는 겁니다. 의미 없는 투쟁과 분노를 멈추기 바랍니다.

전지적 시점으로 나의 상황을 지켜보십시오. 잠시라도 과감하게 아픔에서 멀어지고 거리를 두십시오. 그러면 해결 방법이 보일 것입니다. 내가 어찌할 수 없는 영역의 일들은 그냥 내려놓으십시오. 나의 통제가 불가능한 일에는 신경을 쓰지 않는 것이, 통제하려는 마음 거두기입니다.

특히 우리는 인간관계로 매우 큰 상처를 받곤 합니다. 누군가의 배신, 누군가의 쑥덕거림, 누군가의 이기심, 누군가의 말실수로 인해 큰 상처를 받고 마음의 문을 닫습니다. 마음의 상처 중 70% 이상이 인간관계에서 비롯된 것입니다. 무엇보다 믿었던 사람에게 배신당했을 경우, 억울하고 분통이 터져 평생 그 사람을 미워하다 죽을 수도 있습니다.

이런 일을 당했을 때 속상해 하지 말고 그냥 두는 것이 좋습니다. 더 정확하게 말하면 그냥 마음속에서 내려놓는 것입니다. 그 사람에 대한 미움, 증오, 분노, 억울함, 섭섭함, 집착 등을 내 마음에 남겨 두지 않아야 합니다. 그 존재 자체를 내려놓아야 합니다. 그러면 상황을 객관적으로 지켜볼 수 있게 됩니다.

상황 : 결과가 이렇게 나왔습니다.

인정 : 그것을 인정합니다. 저항하지 않습니다.

선택 : 그럼 지금부터 무엇을 해야 할까요?

순응 : 주어진 상황과 선택한 행동에 최선을 다합니다.

결과 : 마음이 편해집니다. 많은 것을 배우게 됩니다. 그리고 어느덧 더 좋은 곳에 도착합니다.


내려놓음은 삶에 대한 신뢰입니다. 신뢰하기에 순순히 순응하는 마음도 생겨납니다. 모든 것엔 다 뜻이 있고, 나를 위한 길이 펼쳐지기 위해 이런저런 사건이 일어나는 것입니다.

그 뜻이 무엇인지 알 수 없기에 우린 하루하루를 정성과 사랑으로 채우면 됩니다. 어떤 일이 주어져도 세상에 선물을 한다는 생각으로 하십시오. 그 일이 자신의 손을 거치면 이로운 것이 되어, 세상 누군가에겐 도움이 될 거란 믿음으로 일을 하십시오.

여러분의 손을 거친 모든 것이 선물이 된다면 무엇인가를 바라지 않고 했던 모든 일이 기적이 되어 부메랑으로 돌아올 것입니다. 그것이 내려놓음의 아름다움입니다.

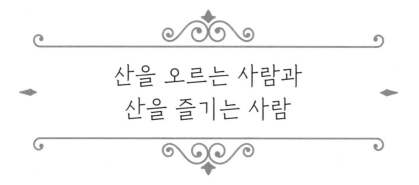

# 35

## 산을 오르는 사람과
## 산을 즐기는 사람

중학교 때 수련회를 갔었습니다. 기대 가득한 마음으로 떠난 수련회였지만 악몽 같은 기억만 남긴 수련회가 되고 말았습니다. 제 생애 가장 끔찍했던 산행 때문이었습니다. 그 산행 프로그램은 500명이 넘는 전교생이 산정상까지 올라야 하는, 다시 생각해도 정말 끔찍한 프로그램이었습니다.

전 그때까지 제대로 된 등산을 한 번도 해본 적이 없었습니다. 그리고 체력이 좋은 편이 아니라 그렇게 높고 험한 산을 오르는 것은 무리였습니다. 저는 얼마 오르지 못하고 무척 지쳤습니다.

천천히 가고 싶었지만, 뒤에서 쫓아오는 친구들이 수백 명인지라 그들의 속도에 맞춰 무조건 앞으로 전진할 수밖에 없었습니다.

산행을 시작하고 중반쯤 되었을 때 토가 나올 정도로 힘들었습니다. 하얗게 질린 얼굴과 땀범벅이 된 몸으로 비틀거리면서 계속 올라갔습니다. 더 이상 견디지 못할 것 같아 선생님께 말씀드렸지만, 들은 척도 하지 않으셨습니다. 그 분에겐 개개인의 몸 상태가 중요한 것이 아니라 전원 정상 도착이라는 목표 달성이 중요했던 것입니다.

정말 울고 싶었습니다. 이게 뭐하는 짓인가 싶었습니다. 몇몇 학생들은 신나서 올라갔지만, 몇몇 학생들은 저처럼 힘들어하고 탈진과 어지럼증을 호소하였습니다.

산행 후반쯤 이르렀을 때, 도저히 견딜 수가 없어 결국 산행을 포기했습니다. 선생님은 빨리 일어나라고 소리쳤지만 따를 수가 없었습니다. 불행인지 다행인지 저 말고도 몇몇 아이들이 고통을 호소했기에, 결국 선생님은 낙오자들을 포기하고 다른 학생들을 인솔하며 산정상으로 향했습니다. 그때서야 겨우 산행을 멈출 수 있었습니다.

맞습니다. 전 그야말로 낙오자가 되었습니다. 약한 체력과 강인하지 못한 정신력이 원망스러웠고, 마치 실패한 자, 포기한 자란 이름표를 붙인 듯 비참한 마음을 갖고 산을 내려왔습니다.

그 다음 날, 다리에 알이 심하게 배기고, 몸살기가 심해져 결국 수련회를 망치고 말았습니다. 얼마나 고대했던 수련회인데…. 어린 마음에 너무 속상했던 기억이 납니다.

"수련회는 힘들수록 기억에 더 남는 법이야. 그러니까 너희들은 더 빡세게 해야 한다구!"

아직도 날카로운 교관선생님의 목소리가 생생하게 기억납니다. 우린 학생이고, 학교에서 정한 훈련 프로그램이었기에 그에 따라 훈련을 받는 게 맞습니다. 몸과 마음을 건강히 하자는 취지의 수련회였으니까요. 하지만 산행은 뭔가 취지에서 어긋난 것 같았습니다. 정상을 오르지 못한 사람들은 오히려 깊은 자괴감과 패배감을 맛봐야 했습니다.

꼭 1번부터 500번까지 모든 학생이 정상에 올라야 했을까요? 그 목표는 누가 설정한 것인가요? 정상까지 올라야 성공이라고 단정 짓는 사람은 누구인가요? 물론 훈련의 목적은 고통을 감내하면서도 끝까지 해내는 것에 있습니다. 하지만 그 훈련은 여러모로 너무 위험했습니다.

우리 모두가 그 목표에 동의한 것이 아니었습니다. 누군가는 체력이 약하기도 하고, 누군가는 산행 자체가 힘든 상황일 수도 있습니다. 누군가는 쉬면서 가고 싶기도 하고, 누군가는 중간까지만 가고 싶었을 겁니다. 500명의 학생들 각각의 상황이 모두 다른데, 목표가 같아야 한다는 것은 매우 슬픈 일입니다. 무조건 정상에 올라야 한다는 그 목표가 얼마나 강압적이고 폭력적인가요?

비단 산행 프로그램뿐만이 아닙니다. 태어난 순간부터 지금까지 사회의 이런 저런 강압을 받으며 살았습니다. 개인적인 취향, 창의력, 재능, 체력, 삶의 철학이 모두 다른데, 사회는 무조건 정상을 향해 돌진하라고 이야기합니다. 공부를 열심히 해야 하고, 경쟁에서 이겨야 하고, 성공해야 한다며 모든 아이들의 등을 떠밀었습니다. 그래서 어린 시절부터 개개인의 의견과 취향은 별로 존중받지 못하고 살았습니다. 결국 우리는 자의가 아닌 타의에 의해 살 수밖에 없었습니다.

경직되고 긴장된 몸과 마음의 상태를 계속 유지하며 사느라 우리는 매우 피로한 상태입니다. 자유로움도 자연스러움도 잊어버린 채, 늘 무엇인가에 쫓기듯 살았습니다. 왜냐하면 쉬어가고 싶어도 수백 명의 친구들이 따라오고 있기에 억지로 올라가야 했던 수련회 산행처럼, 멈출 수도, 쉬다갈 수도, 내려갈 수도 없는 어쩔 수 없는 상황이 계속되기 때문입니다.

저는 낙오자가 되는 게 두려워서 하얗게 질린 얼굴로 계속 목표를 향해 내달렸습니다. 말 그대로 어쩔 수 없는 상황, 오도가도 못하는 상황에 떠밀려 여기까지 오게 되었습니다.

> 이왕 산에 갔으면 나무 냄새도 맡고 꽃도 구경하고 계곡물에 발도 담가 보기 바랍니다. 산정상에 오르는 것만 중요한 것이 아닙니다. 산을 즐기는 것, 쉬다 가는 것도 산행의 중요한 부분입니다.

하지만 올라가는 선택을 할 수 있다면, 내려오는 선택도 할 수 있어야 한다고 생각합니다. 사회의 목표가 내 목표가 될 순 없습니다. 모든 사람의 목표가 하나일 순 없습니다.

이제 조용히 생각해 보기 바랍니다. 목표를 향해 오를 수도 있고, 중간에 힘들면 그냥 쉬었다 가도 됩니다. 이건 아니다 싶으면 그냥 내려와도 되고, 이 산이 아니라면 다른 산을 선택해서 올라도 됩니다. 인생이란 그렇게 오르고 내려오는 놀이입니다.

오를 때가 있으면 내려갈 때도 있는 법입니다.

내가 결정한 목표를 이룰 수도 그렇지 못할 수도 있습니다. 하늘을 날 듯 승승장구할 수도 있고, 한없이 처지는 마음에 힘들어할 수도 있습니다. 부자로 살 수도 있고, 가난하게 살 수도 있습니다. 건강할 수도 있고, 건강하지 못할 수도 있습니다. 사람들에게 인기가 많을 수도 있고, 인기가 없을 수도 있습니다.

인생은 원래 오르락내리락하는 롤러코스터이지 성공과 실패를 가르는 시험이 아닙니다. 평생을 시험을 치르며 산다고 생각해 보십시오. 얼마나 피곤하고 긴장되겠습니까?

우리가 부드러운 마음을 가져야 하는 이유는 이 때문입니다. 삶이라는 소풍을 끔찍한 수련회로 만들면 안 됩니다. 즐겁게 즐기다 갈 수 있는 것을, 긴장하고 힘들게 헉헉대며 살다 가서는 안 됩니다. 성공한 소수의 사람을 부러워하며 자괴감과 피로감을 안고 살아가서는 안 됩니다.

이왕 산에 갔으면 나무 냄새도 맡고 꽃도 구경하고 계곡물에 발도 담가 보기 바랍니다. 산정상에 오르는 것만 중요한 것이 아닙니다. 산을 즐기는 것, 쉬다 가는 것도 산행의 중요한 부분입니다.

속도가 중요한 것이 아닙니다. 방향이 중요합니다. 방향만 올바르다면 조금 천천히 올라도 괜찮습니다. 지치지만 않는다면 언젠가 그곳에 다다르게 될 것이니까요.

우리는 시험을 치르기 위해 이 지구라는 별에 온 것이 아닙니다. 마음의 긴장을 풀고, 삶이라는 소풍을 즐겨도 좋습니다. 나도 모르게 사람들의 대열에 휩쓸려가지 마십시오. 빨리 정상까지 가지 않아도 좋으니 그냥 행복하십시오!

# 36

## 너무 애쓰지 말고
## 지금을 사랑하라

작년 7월쯤이었습니다. 유튜브 채널에 매일 마음공부 강의 영상을 업데이트하면서, 네이버 카페에 마음공부 커뮤니티를 운영하고 있었고, 오프라인 세미나를 매달 진행하고 있었습니다. 눈코 뜰 새 없이 바쁜 하루하루를 보내고 있었습니다.

마음공부란 분야에서 내 스스로 자리잡기 위해 그 모든 일을 감내하면서 힘들어도 나를 밀어붙였습니다.

그러던 어느 날이었습니다. 밤늦게까지 세미나 준비를 하고 새벽에 잠깐 눈을 붙이게 되었습니다. 갑자기 무거운 무언가가 짓누르는 것을 느끼며 깜짝 놀라 눈을 떴습니다. 분명 자고 있었는데 이미 깨어 있던 사람처럼 1초도 안 되어 정신이 맑아짐을 느꼈습니다. 시계를 보니 새벽 4시를 가리키고 있었습니다.

잠을 자다가도 몇 번씩 깨는 경우가 많아 그냥 그런가보다 하고 넘길 수도 있었지만, 그날은 뭔가 느낌이 달랐습니다. 아주 찜찜하고 무거운 에너지가 몸을 휘감고 있는 느낌이었습니다. 이름 모를 어두움을 마주하게 된 것 같았습니다.

그 순간, 어떤 목소리가 들려왔습니다. 어떤 울림 같기도 하고, 천사의 목소리 같기도 하고, 제 목소리 같기도 했습니다.

"너 이렇게 하는 거 재미있니?"
"봐! 봐! 너 지금 애쓰고 있잖아"

순간 소름이 돋았습니다. 둔탁하게 뒤통수를 얻어맞은 듯 '띵'하는 울림도 느꼈습니다. 그 울림과 함께 깨달았습니다.

'또 애를 쓰며 힘겹게 하고 있었구나.'

제가 왜 마음공부를 애쓰며 하고 있었을까요? 처음엔 그저 심적으로 너무 힘들어 마음공부를 시작했습니다. 지푸라기라도 잡는 심정으로 내 마음이 나아지길 바라며 공부를 했습니다. 그리고 그 후엔 영상을 제작하며 강의를 만들기 위해 더 열심히 마음공부를 했습니다. 사람들에게 마음을 다스리는 것의 가치를 전달하는 일은 너무 멋진 일이었기에 더욱 열심히 했습니다.

그리고 더 나아가 유튜브 채널을 키우고 책을 쓰고 강의를 하면서 마음공부란 테마로 저를 브랜딩화시켜 멋진 비즈니스로 발전시키려는 목표가 저도 모르게 자라고 있었습니다. 물론 브랜딩화와 수익화를 통한 1인 크리에이터겸 1인 사업가의 길은 정말 멋진 일입니다.

문제는 저의 마음공부의 목표는 쉼과 위로와 평안이었는데 마음공부가 어느 순간 일이 되어버렸다는 것에 있습니다. 강의를 하기 위해 책을 읽고, 세미나를 위해 사람들에게 홍보를 하고, 나를 알리기 위한 마케팅과 커뮤니티 관리까지 하는 저는 분명 마음공부를 순수성이 아닌 비지니스로 접근하고 있었습니다. 치유가 되기도 전에 또 지치도록 일을 하고 있었던 것입니다.

충분한 휴식을 통해 나를 치유하기 위해 공부한 것인데, 어느 순간 또 사업화를 시키려는 제 속성이 기어나온 것입니다. 그래서 깨달았습니다.

'아! 내가 또 애를 쓰고 있구나. 나도 모르게 또 예전 패턴대로 살고 있구나.'

처음 시작했을 때처럼 자유롭고 가벼운 마음을 위해 공부해야 하는데, 이제는 사람들이 더 좋아하는 콘텐츠를 만들어야 하고, 더 잘 해야 하고, 더 나를 좋아해 주기를 원하며 일을 하고 있었던 것입니다.

'지금은 때가 아니구나.'

제 영혼은 새벽에 나를 깨워 어두움을 마주하게 하였고 자각을 주었습니다. 그 순간 많이 혼란스러웠지만 이건 분명한 내면의 목소리란 판단이 들었습니다.
그리고 선택을 해야만 했습니다.

> 그 일을 계기로 시작한 쉼의 시간은 더없이 완벽한 시간이었고, 큰 배움이었고, 큰 성장의 길이었습니다. 저에게 전달된 좌표는 지금 너무 애쓰는 것이 아닌, 지금을 사랑하라는 미션이었습니다.

아침까지 고민하다 결국 모든 마음공부 프로젝트를 중단하기로 결심했습니다. 유튜브 방송을 제외한 모든 프로젝트를 말입니다. 책 집필을 포함해, 모집 중이던 오프라인 모임도 모두 취소했습니다. 하고 있던 온라인 사업도 광고를 멈추고 들어오는 주문만 처리하는 형식으로 바꾸었습니다. 마음공부 커뮤니티도 카테고리를 최소화해서 가끔 자료만 올리고 소식을 주고받는 형식으로 간소화했습니다. 어떠한 모임이나 외부 일정도 잡지 않았습니다. 가능한 완전하고 자유롭게 저 자신을 편하게 해주고 싶었습니다.

이 일을 계기로 급한 발걸음을 멈출 수 있었습니다. 그리고 새벽 경험담을 유튜브 방송을 통해 알려드렸습니다. 감사하게도 구독자들은 저의 결정을 지지해 주었습니다. 한편으론 영감의 목소리를 듣자마자 바로 실천을 하는 것을 보고 오히려 배웠다는 이야기도 해주셨습니다.

저는 느꼈습니다.

'내가 마음공부에서 해야 할 것은 이것이구나!'

제 영혼은 제가 서서히 지쳐가는 것을 마음 아파했을 겁니다. 경고하고 싶었을 겁니다. 그래서 어느 날 새벽에 저를 깨우고 꿈처럼 다가와 또렷하게 알려준 것입니다. 이건 제 영혼의 목소리기도 했고, 우주의 목소리기도 했고, 무의식 안의 목소리기도 했습니다. 모두 다 연결되어 있는 에너지니까요.

'그냥 내가 알게 된 지혜대로 하나씩 실험하며 살아보자!'

제가 마음공부를 하며 알아간 것들을 삶에 적용하고, 느끼며 배우는 과정을 사람들과 나누는 것이 공부라는 생각을 하게 되었습니다. 제 삶의 이야기를 나누는 것이 저의 소명인 것입니다.

제가 알게 된 지혜 중의 하나는 '내려놓음'입니다. 내려놓음을 실천하며 무려 8개월간의 휴식을 허락하였고, 그 시간은 저에게 커다란 쉼과 통찰을 준 소중한 시간이 되었습니다.

멋지고 흥미로운 이야기를 하는 것은 누구든지 할 수 있습니다. 하지만 진정성을 보여주려면 전달자가 기계처럼 이야기를 하는 것이 아니라, 정말 그렇게 살아내고 경험하고 성장하는 모습을 보여주는 것이라 생각합니다.

지혜가 뭔지 알았다면 (깨달음)

정말 지혜로운 선택을 하며 사는 것 (실천)

그래서 지혜로운 사람이 되는 것 (성장)

그것이 저에겐 마음공부요 주어진 숙제입니다.

머리로만 아는 것이 아니라 그런 삶을 사는 것. 그것이 목표가 된 것입니다. 지혜는 누구나 쉽게 알고 있습니다. 왜냐하면 진리는 너무 심플해 애들도 아는 것이 많습니다.

하지만 지혜가 내 몸과 마음을 지배하지 못한다면 그것은 한낱 가벼운 지식이 되어버립니다. 지식은 머릿속에만 쌓이지 실제로 그 사람의 삶을 변화시키지는 못합니다. 오히려 '난 이미 모든 것을 알고 있는 사람'이라는 교만한 마음이 커질 수 있음을 주의해야 합니다.

그 일을 계기로 시작한 쉼의 시간은 더없이 완벽한 시간이었고, 큰 배움이었고, 큰 성장의 길이었습니다. 처음으로 '지금'을 즐기는 자가 되어 마음공부의 큰 자양분을 쌓을 수 있었습니다. 단순히 놀고먹어서 달콤했던 것은 아닙니다. 마음속의 집착을 덜어내니 숨쉬기가 편했고 마음이 가벼워졌고 그래서 삶이 감사하게 다가왔을 뿐입니다.

우주는 나를 더 좋은 곳으로 인도하려고 좌표를 하나 던져주었습니다. 저에게 전달된 좌표는 지금 너무 애쓰는 것이 아닌, 지금을 사랑하라는 미션이었습니다.

원래 영감은 앞뒤 맥락 없이 툭 튀어나옵니다. 그건 내 생각이 아니라, 저 멀리 우주에서 날아온 새로운 삶의 좌표이기 때문입니다. 그러니 영혼의 떨림을 느낀다면 멈추고 지켜보기 바랍니다. 그건 우주에서 던져준 인생의 좌표일 수도 있고, 보물찾기의 지름길일 수도 있습니다.

# 37

## 하고 싶지 않으면 하지 마세요

'한다' or '하지 않는다'

우리는 늘 '한다'와 '하지 않는다'를 오가며 선택하며 살고 있습니다. 언제나 선택지는 이 두 가지입니다. 하거나 하지 않거나….

모든 것을 다 잘할 수는 없습니다. 좋다는 것을 무조건 따라할 수도 없습니다. 시키는 것을 무조건 해낼 수도 없습니다. 그러니 하기 싫은 것은 하지 마십시오. 단지 내가 노력을 하지 않을 것이므로, 얻고자 하는 욕망도 함께 내려놓아야 합니다.

이 진리를 이해한다면 정말 가볍게 살 수 있습니다. 하겠다고 선택한 것만 하십시오. 그리고 내가 선택한 것이므로 최선을 다해야 합니다.

그리고 하지 않겠다고 결심했다면 하지 마십시오. 그리고 욕망도 함께 내려놓으십시오. 그러면 아쉬울 것이 없습니다. 이것이 바로 선택에 대한 책임이자 삶의 인과법칙입니다.

하기 싫은 것을 억지로 하면 영혼이 슬퍼합니다. 또한 노력 대비 효율이 잘 나오지도 않습니다. 그저 나에게 좋은 선택을 하고, 스스로 한 선택에 최선을 다하십시오. 그리고 결과는 묵묵히 받아들이십시오. 원망하지도 아쉬워도 마십시오. 결과에 이의를 제기하거나 불만을 품으면 번뇌만 늘어날 뿐입니다. 이유가 있어 그런 결과가 나온 것입니다.

나의 지금 현실과, 꿈꾸는 욕망 사이의 간극은 노력과 인내로만 채울 수 있습니다. 노력과 인내가 없으면, 미래의 나와 지금의 나를 이어줄 끈이 없습니다. '할 수 있었는데', '하긴 해야 하

> 하겠다고 선택한 것만 하십시오.
> 그리고 내가 선택한 것이므로
> 최선을 다해야 합니다.
> 그리고 하지 않겠다고 결심했다면
> 하지 마십시오. 그리고
> 욕망도 함께 내려놓으십시오.
> 이것이 바로 선택에 대한 책임이자
> 삶의 인과법칙입니다.

는데'란 없습니다. 그냥 하거나 하지 않거나 둘만 존재합니다. 정답도 없고, 좋고 나쁘고도 당장은 알 수 없습니다.

우주는 우리의 선택을 판단하지 않습니다. 그냥 행하거나 행하지 않는 나를 지켜볼 뿐입니다.

그리고 마지막으로 스스로 선택한 것을 후회하지도 마십시오. 후회를 한다는 것은 나를 부정하는 것입니다. 마음가는 대로 하되 선택에 대한 책임은 오롯이 내가 져야 합니다.

# 38

## 알을 깨고 나오기 전에

아기새가 알을 깨고 나오는 것을 부화라고 합니다. 만약 새들이 부화에 성공하지 못하면 알 속에서 죽게 됩니다. 말 그대로 빛도 못보고 생명을 마감하는 것입니다. 아기새가 빛을 보기 위해서 알을 깨야 하는 것은 숙명입니다.

그럼 여기서 궁금증이 생깁니다. 과연 부화과정에서 알은 저절로 깨지는 걸까요? 아니면 아기새가 깨고 나오는 걸까요?

첫 번째 경우는 아기새의 몸집이 너무 커져 알이 저절로 깨지는 거고, 두 번째의 경우는 아기새가 알을 열심히 깨부수고 나오는 것입니다. 과연 어떤 게 진실일까요? 세상이 저절로 깨지느냐? 아니면 스스로 세상을 깨고 나오느냐?

성장도 마찬가지입니다. 세상은 우리에게 빛을 보여주려 스스로 깨지기도 합니다. 그것은 시련, 절망적인 사건, 터닝포인트로 다가옵니다.

아니면 우리가 스스로 지금 세상을 깨고 다른 세상을 체험하고 싶기도 합니다. 그것은 욕망, 도전으로 다가옵니다.

세상이 깨지던, 아니면 우리가 뚫고 나가던 목적은 모두 동일합니다. 더 크게 성장하기 위해선 반드시 알을 깨야 한다는 숙명이 그것입니다. 작은 알 속에선 더 이상 성장할 수가 없습니다. 그대로 죽어버리거나, 아니면 누군가의 먹이가 되어 사라질 것입니다.

성장을 위해선 새로운 세상으로 나아가는 두려움을 감내해야만 합니다. 물론 아기새도 두려웠을 것입니다. 저 바깥세상이 어떤 세상일지 전혀 알 수 없고, 따뜻하게 품어주었던 알 속을 떠나야 한다는 건, 죽음을 담보로 한 도전이기 때문입니다. 하지만 두렵다 해도 결론은 같습니다. 아기새는 알을 깨고 나가야만 살 수 있습니다.

우리들도 마찬가지입니다. 성장을 거듭하다보면 결국 알을 깨고 나가야 할 때가 옵니다. 여기서 기억해야 할 것은 알은 저절로 깨질 수도 있다는 겁니다. 세상이 한 번에 와장창 무너져 내릴 수도 있고, 아니면 아주 서서히 균열이 일어나다가 쩍쩍 갈라져서 깨질 수도 있습니다.

나를 따뜻하게 품어주었던 세계가 조금씩 균열이 가고 깨진다는 것은, 이젠 더 이상 그곳에 머물 수 없다는 신호와도 같습니다. 그땐 그곳을 떠나 새로운 세상을 맞이해야 합니다.

간혹 큰 좌절이나 시련을 겪으며 인생의 전환점을 맞이할 때가 있습니다. 이럴 경우는 내가 준비가 되기도 전에 세상이 먼저 깨지면서 나를 힘들게 합니다. 더 이상 내가 있던 세상이 아니기에 두렵지만 이젠 새로운 세상 안에서 존재해야 합니다. 상황이 아프고 힘들어 이불 속으로 숨고 싶겠지만, 어쩔 수 없습니다.

> 세상이 깨지던, 내가 세상을 깨고 나오던 모든 일은 전부 나를 위해 일어나는 일입니다. 그러니 세상이 깨지는 것을 슬퍼할 이유가 없습니다. 알을 깨고 나오지 못하면 끝까지 알 안에만 있어야 합니다. 거기에서는 성장할 수도 없고 건강할 수도 없습니다.

깨져버린 세상을 겸허히 수용하고, 새로운 세상에서 어떻게 살아남을지 생각해야 합니다.

한편 나의 새로운 목표와 욕심, 도전으로 힘차게 알을 깨부수고 나올 수도 있습니다. 이것은 내가 먼저 선택하여 능동적으로 세상에 맞서 도전하는 것입니다.

지금 세상이 너무 좁고 답답하여 더 넓은 세상을 체험하고 싶을 수도 있고, 아니면 다른 인생을 살아보고 싶을 수도 있습니다. 간절히 원하는 게 생기거나, 열정어린 호기심에 그럴 수 있습니다. 뭐가 되었든, 세상에 도전하여 부화하려는 노력은 무조건 스스로를 성장시킵니다. 아프고 깨지고 좌절하는 순간순간이 모두 성장통인 것입니다.

사실 세상이 깨지던, 내가 세상을 깨고 나오던 모든 일은 뚜렷한 명분을 가지고 있습니다. 형태만 다를 뿐입니다. 어떤 것도 우연히 일어나는 법이 없고, 무엇이든 의미 없는 일이 없습니다. 전부 나를 위해 일어나는 일입니다.

그러니 세상이 깨지는 것을 슬퍼할 이유가 없습니다. 알을 깨고 나오지 못하면 끝까지 알 안에만 있어야 합니다. 거기에서는 성장할 수도 없고 건강할 수도 없습니다.

새로운 세상은 쉽고 편하게 오진 않았습니다. 세상에 공짜 배움은 없습니다. 시련이 온다는 것은 그만큼 성장할 기회가 온 것입니다. 도전한다는 것은 그만큼 성장할 자질을 가졌다는 의미입니다.

어차피 한번 깨고 나올 것이라면 그저 숙명처럼 생각해도 좋습니다. 세상은 우리에게 배움을 주기 위해 노력합니다. 우리의 영혼 또한 계속 성장하고 배우길 바랍니다. 그래서 세상은 언제까지나 우리를 따뜻하게 품어주지 않습니다. 나를 미워해서가 아니라 사랑하기 때문입니다.

시련과 고통의 또 다른 이름은 배움과 성장입니다. 지금의 고통은 부화하기 위해 알을 깨뜨리는 아기새의 고통과도 같습니다. 세상이 깨지기 위해선 그만큼 타격과 충격이 필요합니다.

모든 것은 나를 위해 주어지는 것입니다. 우주가 나를 죽게 내버려둘 순 없어서 부화라는 숙제를 주는 것이기 때문입니다. 그러니 고통 속에서 배움을 얻고, 두렵지만 그럼에도 도전하십시오.

# 39

## 저절로 잘 되어간다

작년에 혼자 뉴욕 여행을 갔습니다. 그냥 문득 든 생각을 지울 수 없어 어렵사리 식구들에게 동의를 구하고 여행을 준비했습니다. 일을 잠시 쉬고 마음공부를 하며 휴식을 취하는 중이었고, 이참에 꼭 혼자 여행을 다녀오고 싶었고 그곳은 늘 가고 싶었던 뉴욕이어야 했습니다.

나 홀로 여행은 단 한 번도 해본 적이 없었고, 특히 영어권 국가는 가보지 못했습니다. 영어도 못하고 지도도 전혀 볼 줄 모르는 치명적인 길치인데 어떻게 혼자 여행을 가냐며 다들 걱정했습니다.

하지만 한번 한 결심은 꼭 이룬다는 것을 알기에 누구도 말리지 못했습니다. 초등학생 아이들을 둔 엄마가 일주일이나 집을 비우고 혼자 뉴욕에 간다는 것은 누가 봐도 비정상적이고 무모한 계획이었습니다. 물론 저도 쉬운 결정은 아니었습니다. 그야말로 도전이었습니다.

무턱대고 뉴욕행 비행기를 알아봤고 계획을 짰습니다. 그러다 여행 계획을 세우는 것이 귀찮고 어려워 그냥 두었습니다. 그런데 이상하게도 여행이 걱정된다거나 불안한 마음이 들지 않았습니다. 이렇다 보니 오히려 저보다 주위 사람들이 더 걱정하기 시작했습니다. 여행 날짜가 다가오자 주위 사람들은 국제미아가 될 것이라고 놀렸습니다. 하지만 전 그냥 모든 것이 알아서 풀릴 것 같다는 예감이 들었습니다.

여행 날짜가 다가오자 그때부터 신기한 일이 생겼습니다. 미국에 사는 고모와 우연히 연락이 닿았습니다. 그런데 고모가 뉴욕에 계신다는 것이었습니다. 지금까지 고모는 뉴저지에 계신 줄 알고 있었는데 말입니다. 고모집은 교통편도 괜찮은 위치에 있어 그곳에서 묵기로 했고, 숙박이 한 번에 해결되었습니다.

또한 남편의 오래전 지인과 갑자기 연락이 되었는데 그 언니도 뉴욕에 머물고 있다고 본인의 집으로 와서 지내도 된다고 흔쾌히 초대해 주었습니다. 그리고 언니를 통해 평소에 직접 만나기 힘든, 만남만으로도 큰 영광인 마음공부 명사님과 식사도 하게 되었습니다. 고모를 통해 사촌오빠와도 연락이 되었는데 오빠는 뉴욕 맨하탄에서 외식사업을 하고 있었습니다.

이렇게 갑자기 왕래가 전혀 없었던 뉴욕 지인들과 빠르게 연결이 되었습니다. 꼭 자석으로 강력하게 끌어당기는 것만 같았습니다.

결국 아무 걱정 없이 여행을 떠날 수 있었습니다. 제가 한 것은 비행기 예약 말고는 아무것도 없었습니다. 그냥 어떤 시나리오대로 술술 풀려나가는 느낌이었습니다.

여행은 관광보다는 좀 더 편한 체험으로 채우고 싶었고 그것은 알아서 이루어졌습니다. 저는 뉴욕의 유명 관광지와 맛집을 찾아다니지 않았습니다. 흥미도 없었을 뿐더러, 그다지 욕구도 없었습니다. 허둥지둥 길을 찾느라 소중한 시간을 다 빼앗기고 싶지 않았습니다.

여유 있고 평화롭게 즐기고 싶었던 저의 여행은 성공적이었습니다. 정말 행복하고 멋진 여행을 즐기다 왔습니다. 그 여행은

제 인생에 있어 가장 행복했던 여행으로
기억됩니다.

그냥 고모네 집에서 아침에 일어나 근
처 맥도날드에 가서 모닝메뉴를 먹고, 아
침부터 치열하게 움직이는 사람들을 구
경했습니다.

> 되어야 할 일들은 반드시
> 나타납니다. 너무 정교하여
> 물 흐르듯, 순조롭게, 때를 맞추어
> 나타납니다. 그 상황에서 즐길 건
> 즐기고, 배울 건 배우면 됩니다.
> 잘 될 것 같은 느낌으로
> 주어진 상황에 최선을 다하십시오.

"여기도 사람 사는 모습은 비슷하구나! 다들 바쁘게 사는구
나!"

시간이 남으면 동네 스타벅스에서 커피 한 잔 시켜놓고 책을
읽거나 멍하니 앉아 있었습니다. 지인을 만나 수다를 떨기도 하
고, 혼자 공원을 산책하기도 했습니다.

맨하탄의 높은 빌딩을 구경하며 한참을 걷다가 추우면 목도
리를 사려고 상점으로 들어가 구경했고, 커피를 들고 길거리 계
단에 앉아 오가는 사람들을 구경했습니다.

사람들은 저에게 아무런 관심을 갖지 않았습니다. 지구 반대
편으로 날아와 아무도 나를 모르는 사람들 속에서 완벽하게 고
독했고, 완전하게 자유로웠습니다. 그것만으로도 너무 설레고

색다른 기분이었습니다. 가고 싶은 대로 움직였고, 쉬고 싶으면 충분히 쉬면서 어디 있어도 그 순간을 즐겼습니다.

일주일은 꿈같고 달콤한 시간이었습니다. 관광도, 맛집 투어도, 쇼핑도 없었고, SNS에 올릴 만한 근사한 사진 한 장 없었고, 일정에 쫓길 필요도 없었고, 길을 잃어도 뭐라고 하는 사람도 없었습니다.

그저 그 순간이 행복했습니다. 노력하지 않았는데 모든 것이 완벽한 그림으로 펼쳐졌습니다. 이것은 다른 사람의 여행이 아닌 오롯이 내 스타일의 여행입니다.

'아~ 이 기분을 만끽하라고, 이곳이 나를 끌어당겼구나.'

분명 내가 오고 싶어 시작한 일이었지만, 이것은 하나의 계획된 시나리오가 아니었나 싶었습니다. 이곳에 와야만 했던 이유가 있기에 이곳이 저를 끌어당긴 것은 아니었을까요? 될 일은 내려놓으면 알아서 저절로 되어가는 소중한 체험과 함께 말이죠.

그냥 가만히 있었는데 일이 알아서 풀리고, 결국은 나에게 가장 좋은 경험이 펼쳐집니다. 이것이 내려놓음의 축복이 아닐까 싶습니다.

저는 아주 오랫동안 '내가 모든 것을 통제하고 계획해야만 한다'고 생각했습니다. 내가 고생하고 애쓰며 문을 치열하게 두드려야 길이 열린다고 믿었습니다. 하지만 세상은 한 가지 방법으로만 펼쳐지는 게 아니었습니다. 어떻게 길이 열리고, 어떻게 풀려나갈지는 가봐야 알 수 있습니다.

가끔은 모든 것을 통제하려는 의지를 내려놓아야 할 때가 있습니다. 물론 인고의 노력으로 보상을 받는다면 무척 달콤하겠지만, 저절로 얻어지는 보상은 더욱 황홀합니다.

어떤 것은 내려놓고 있으면 저절로 풀려나갑니다. 그러니 때론 내 주위 에너지에 자유를 허락하세요. 그들이 어떤 방향으로 흐르는지 그저 지켜보고 순응하는 겁니다.

되어야 할 일들은 반드시 나타납니다. 너무 정교하여 물 흐르듯, 순조롭게, 때를 맞추어 나타납니다. 그 상황에서 즐길 건 즐기고, 배울 건 배우면 됩니다.

여행을 통해 저는 앞으로 어떻게 살아야 할지 배우게 되었습니다. 잘 될 것 같은 느낌으로 지금 주어진 상황에 최선을 다하는 것입니다. 할 수 있는 만큼, 모든 것을요.

삶에 임하는 자세가 바뀌면 인생이 바뀝니다. 그때부터는 다른 흐름을 타기 시작합니다. 꿈을 꾸고 새로운 삶을 두드려 보십시오. 하고 싶은 것이 있다면 그냥 될 것 같은 느낌을 먼저 간직하십시오. 그리고 지금 당장 해야 할 일들에 정성을 들이십시오.
물론 고난도 있고 좌절도 있을 것입니다. 하지만 방향이 맞다면 잘하고 있는 것입니다. 어차피 일어날 일, 될 일은 된다는 느낌을 간직하기 바랍니다. 일단은 그 느낌 안에서 할 수 있는 작은 실천을 반복적으로 더하면 됩니다. 그러면서 기회를 기다리면 됩니다.
지금은 상황이 힘들어도 '언젠간 될 것 같다'란 느낌을 가지고 살다보면, 그것은 믿음이 되고, 당연한 것이 되어 여러분 앞에 펼쳐질 것입니다.

뉴욕에서 돌아오는 비행기 안에서 앞으로 해야 할 것들에 대한 영감이 마구 떠올라 모두 기록해 두었고, 지금 그 목표를 다 실행하고 있습니다. 휴식으로 에너지를 충분히 충전했으니 이젠 에너지를 발산할 일들이 주어졌습니다.

글을 쓰고 있는 지금 이 순간도, 물이 흐르듯 자연스러운 삶의 흐름 속에 존재하며, 제가 해야 할 것에 최선을 다하고 있습니다.

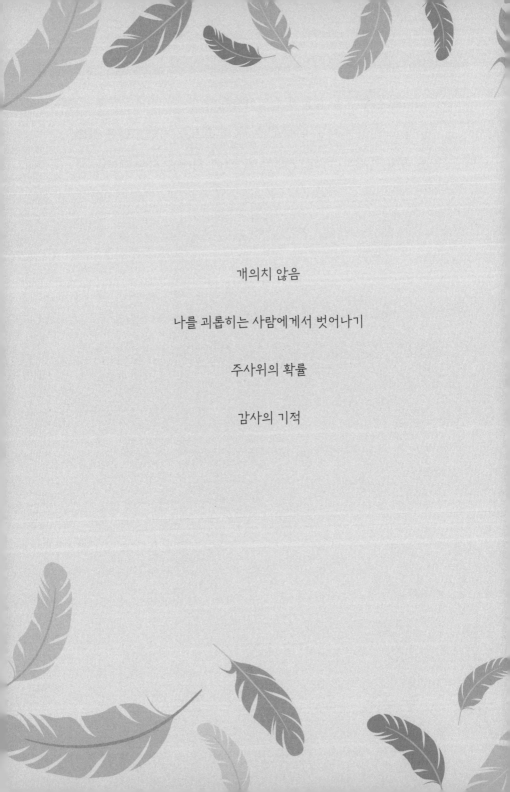

개의치 않음

나를 괴롭히는 사람에게서 벗어나기

주사위의 확률

감사의 기적

# 8부

# 단단한 마음 갖기
# 프로젝트

시끄럽고 복잡하게 바삐 돌아가는 숨찬 나날들에도

방해를 받지 않고 중심을 잡을 수 있는

마음의 고요를 키우고 싶습니다.

– 이해인 수녀

# 40

## 개의치 않음

마음이 단단해지는 법이 무엇인지 아시나요? 제 생각에 '개의치 않음'보다 더 좋은 방법은 없는 듯 합니다. 개의하다란 어떤 일 따위를 마음에 두고 생각하거나 신경쓰는 것을 말합니다.

우리가 복잡한 인생을 사는 이유는 생각이 복잡하기 때문입니다. 많은 번뇌에서 자유롭고 싶다면 단순해지는 법을 배워야 합니다. 단순한 마음은 정보도 심플하고 판단도 심플해야 합니다. 복잡한 미로 같은 생각은 결국 길을 잃게 마련이기 때문입니다.

물론 사방을 둘러보다 보면 더 좋은 길이 있을 수 있습니다.

> 모든 것을 세상 기준에 맞추어
> 살 순 없고, 세상을 내 마음대로
> 움직일 수도 없으니 그냥
> 적당히 이기적이고 개의치 않는
> 하루를 살기 바랍니다.

하지만 이것저것 재는 동안 많은 에너지를 소비해야 합니다. 머리에 과부하가 걸려 결국 결정하지 못하고 기회를 잃어버리기도 합니다.

생각이 단순하면 판단도 쉬워지고 후회하지도 않습니다. 고민하지 않고 편안한 삶을 살 수 있습니다.

기억하세요! 세상 일 곳곳에 너무 신경쓰지 마십시오. 어떤 사람의 행동이 나의 신경을 건드려도 개의치 마십시오. 관계 속에서 너무 많은 것을 바라지 마십시오. 누군가의 생각 없는 말에 많은 의미를 담지 마십시오. 답답한 현실에 조급해 하지 마십시오. 다른 사람의 약삭빠름으로 자신이 손해만 보고 있더라도 마음을 너그럽게 가지십시오. 꿈과 목표에 너무 집착하지 마십시오. 사람들의 평가에 개의치 마십시오. 이것만 해내도 우린, 생각의 가벼움을 이루어낼 수 있습니다.

세상 일 중에는 내가 할 수 있는 것보다 어쩔 수 없는 일들이 훨씬 많습니다. 내가 어찌할 수 없는 일이라면, 손길이 닿을 수 없는 영역이라면 그냥 그렇게 흘러가도록 내버려 두는 것이, 마음을 내려놓는 것이 맞습니다.

예를 들어 타인의 평가가 그렇습니다. 그건 어쩔 수 없습니다. 바라는 마음이 아무리 간절하다 해도, 결국 판단은 그들의 몫이기 때문입니다.

모든 것을 세상 기준에 맞추어 살 순 없고, 세상을 내 마음대로 움직일 수도 없으니 그냥 적당히 이기적이고 개의치 않는 하루를 살기 바랍니다.

그러면 어느 순간 자연스럽게 우리의 마음은 단단해질 것입니다. 쓸데없는 곳에 마음의 에너지를 쓰지 않았기 때문입니다.

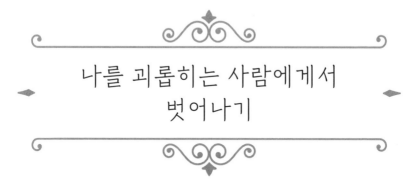

# 41

## 나를 괴롭히는 사람에게서
## 벗어나기

살다보면 우리를 정말 힘들게 하는 존재를 만나게 됩니다. 그 사람의 존재만으로도 힘들 때가 있습니다. 그리고 그 사람과 한 하늘 아래 살고 있다는 것조차 원망스러울 수도 있습니다. 더 나아가 그 사람은 나를 괴롭히기 위해서 태어난 사람 같습니다. 사람으로 인해 힘들다는 것은 정말 고통스러운 일입니다. 관계가 어려운 것은 그 안에 포함된 의미로 인해 복잡해졌기 때문입니다.

길을 걷다 스쳐 지나가는 사람은 나에게 큰 의미가 없는 사람입니다. 따라서 그들로 인해 힘들 이유가 없습니다. 더 이상 마주칠 일이 없기 때문입니다.

하지만 지속적으로 마주치는 사람들에겐, 나도 모르게 의미를 부여하게 됩니다. 그것이 가족일 수도 있고 친구일 수도 있고 직장 동료일 수도 있습니다. 아이러니하게도 나와 관계가 특별해지면 특별해질수록 관계는 더욱 복잡해집니다. 그리고 서로에게 지켜야 할 의무가 생기기 시작합니다. 사랑하는 연인끼리 서로에 대한 의무가 많이 생겨나는 것처럼 말입니다.

'넌 나에게 이렇게 해야 해! 왜냐하면 우리 관계는 특별하니까.'

우리에게 고통을 주는 대상은 주로 가까운 사람입니다. 아무런 의미가 없는 인물은 나에게 고통을 주지 않습니다. 가까운 사람이기에 관계를 정리할 수도 없어서 더 힘든 것입니다.

나를 괴롭히는 사람이 있다고 칩시다. 그들이 의도를 했든 안 했든 그것은 중요한 것이 아닙니다. 이유가 어찌 되었든 그로 인해 너무 괴롭다면 이미 문제는 발생한 것입니다.

즉 악의를 가지고 나를 괴롭히는 사람과, 혹은 악의가 없는 행동임에도 내가 상처받는 경우가 발생합니다. 또는 자기밖에 몰라서 지속적으로 주위 사람에게 피해를 끼치는 인물도 있습니다. 더불어 이런 인물이 나와 가깝다면 매우 고통스러울 수밖에 없습니다.

만약 우리가 특정 대상으로부터 반복적이고 지속적인 고통을 받고 있다면 그냥 간과해서는 안 됩니다. 참는 것은 한계가 있기 때문입니다.

내 마음과 영혼이 고통받고 있다면 오래 버틸 수 없습니다. 겉은 멀쩡해도 속은 썩어가게 되므로, 이런 불행을 초래해선 안 됩니다.

최대한 현명하게 이 문제를 풀기 위한 방법이 있습니다.

가장 쉬운 첫 번째 방법은 상대와의 관계를 과감하게 끊어버리는 단절입니다.

내가 참아야 평화롭다는 판단은 굉장히 큰 희생정신을 필요로 합니다. 희생정신은 높은 의식 차원에서만 가능합니다. 그 상태가 아니라면 모두를 위해 참는 것은 희생이 아닌 나에 대한 폭력입니다.

살다보면 나와 맞지 않는 사람이 있습니다. 에너지에도 색깔

이 있다고 믿는 저에겐 나와 융합되기 어려운 색상의 에너지를 갖고 있는 사람은 왠지 불편함이 느껴집니다. 정리가 될 수 있는 인간관계라면 굳이 나와 어울리지 않는 에너지의 사람과는 어울릴 필요가 없습니다. 무사가 칼을 휘두르는 비장함으로 관계 정리를 감행하기 바랍니다. 칼부림으로 인한 유혈사태가 발생할 수는 있지만, 그것이 영원히 나를 보호할 수 있는 방어라면 괜찮습니다.

'영혼의 뱀파이어'들은 우리의 에너지를 쪽쪽 빨아들여 영혼을 회색빛으로 만들어버립니다. 그들은 얼굴로는 웃고 있지만, 우리 마음에 칼을 휘두릅니다. 그들 옆에 있다는 것은 영혼을 파괴시키는 지름길입니다. 유혈사태가 조금은 있겠지만, 그래도 스스로를 보호하기 위해선 자신을 괴롭히는 존재를 멀리 하십시오.


"미안하지만 이젠 나도 나를 지켜야겠어."


이 말을 들은 상대가 상처받을까봐 두렵나요? 괜찮습니다. 그 사람이 상처를 받든 말든 개의치 마십시오. 내가 나를 지키는 것이 우선입니다. 단 최대한 진심으로 예의를 갖추고 정중히 말하십시오. 상대에 대한 마지막 배려라고 생각하면 됩니다.

만약 직장 동료나 학교 친구 등 계속 부딪칠 수밖에 없는 관계라면 최대한 거리를 두고 피하기 바랍니다. 모임이 있다면 그 모임에 최대한 덜 참석하십시오. 똥은 무서워서 피하는 것이 아닙니다. 그냥 더러워서 피하는 것입니다.

관계를 정리함에 있어서 가장 큰 유혈사태는 다른 연관된 인간관계까지 영향이 미친다는 것입니다. 원래 관계란 거미줄과 같기에, 거미가 앉아 있는 그곳만 가위로 도려낼 순 없습니다. 얼기설기 연결된 다른 줄까지 무너지게 됩니다. 그래서 우리는 관계 정리를 단행하지 못하고 망설입니다.

하지만 어쩔 수 없습니다. 무엇인가를 얻으려면 무엇인가의 희생도 따르는 법입니다. 다른 관계가 무너질까봐 두려워 나를 괴롭히는 뱀파이어에게 나의 피를 계속 내어줄 순 없습니다.

계속 얼굴을 마주쳐야 하는 사이라 완전 단절이 부담스럽다면, 간단한 인사는 건네되, 마음을 주지는 마십시오. 마음속에선 철저하게 타인처럼 대하십시오. 그저 로봇이 되었다 생각하고 형식적으로만 대하십시오.

두 번째 방법은 기회 주기입니다.

나에게 상처를 주긴 했지만, 상대에게 희망을 갖고 기회를 주고 싶을 수 있습니다. 그러면 관계의 개선을 위한 노력을 해야 합니다. 그 노력의 시작은 나의 마음을 전하는 것부터 시작해야 합니다.

상대가 모르고 한 행동일 수 있습니다. 알았다면 행동을 주의하거나 실수를 반복하지 않을 거라 기대하기에, 기회를 주고 싶은 것입니다. 그럴 경우엔 직접 마주 앉아 나의 힘든 점을 모두 이야기합니다. 무엇인가를 요구하기 위한 대화가 아니라, 마음을 전달하기 위한 대화로 진행해야 합니다. 그래야 상대가 저항이나 반항심을 일으키지 않습니다.

자기도 모르게 무의식적으로 상대에게 상처가 되는 무례한 행동을 일삼는 사람은 악의가 없었다 하더라도 지속적인 피해가 발생합니다. 이런 경우엔 상대도 알아야 할 필요가 있기에 적극적으로 해결하는 것도 좋은 방법입니다.

마음을 전하는 시간은 정중하고 엄숙한 태도로 임해야 합니다. 절대 감정이 동요되어서도 안 되고, 감정적으로 호소해서도 안 됩니다. 침착하고 분명하게 마음을 전하십시오. 징징거리거나, 낄낄대며 농담처럼 말해서도 안 됩니다. 절대 말의 무게를 가볍게 해서는 안 됩니다. 가슴에서 올라오는 묵직한 메시지여야 합니다.

"죄송하지만 계속 이런 식으로 말씀하시면 조금 곤란합니다. 조금만 배려 부탁드립니다."

"네가 나에게 이런 행동을 했을 때 처음엔 실수라고 생각했는데 계속 반복하는 걸 보니 아닌 거 같아. 아무래도 내 마음을 솔직하게 전하는 게 맞는 거 같아. 너의 0000한 말과 행동이 내 마음을 힘들게 할 수 있다는 것을 알아줬음 좋겠어."

다시 한 번 말하지만 이렇게까지 말한다는 것은 상대가 내 마음을 알았다면, 나를 이해해 줄 거라는 기대가 있기에 가능한 것입니다. 그것은 상대와의 관계를 어떻게든 유지하고 싶은 마지막 희망이기도 합니다.

만약 진지하게 대화를 나누었음에도 나를 배려하지 않거나, 오히려 펄쩍 뛰거나, 자신도 억울하다는 태도로 공격적으로 나온다면 그땐 재고의 여지 없이 관계를 정리해야 합니다.

이렇게 나를 배려할 생각이 없는 사람과는 긍정적인 인간관계가 사실상 불가능합니다. 언제라도 나에게 계속 상처를 줄 사람이기 때문입니다.

나를 아끼는 사람이라면 나의 마음을 알아주고 곰곰이 생각해 볼 것입니다. 본인 스스로 실수를 인정하고 사과할 수도 있고, 자신의 마음도 진지하게 꺼내 놓을 수 있습니다. 그렇게 서로에 대해 더 많이 알아가며 뭉친 응어리를 풀게 된다면, 오히려 관계가 더욱 돈독해지는 계기가 될 수도 있습니다.

서로 아끼는 마음이 있다면 말하는 용기와 들어주는 지혜가 필요합니다. 조금씩 마음속 실타래를 풀어갈 수 있다면, 더욱 성숙해진 인간관계를 유지하게 됩니다. 하지만 그럴 준비와 자세가 전혀 되어 있지 않은 관계라면 아무리 오래된 친구, 특별한 의미의 관계라도 끊는 것이 맞습니다.

마지막 세 번째 방법은 내 마음 다스리기입니다.

정말 어쩔 수 없는 경우에 마지막으로 선택해야 하는 것이 내

> 인간관계는 매우 복잡하고 심층적이라 모든 사람이 다 힘들어합니다. 내가 부족해서 힘든 것이 아닙니다. 인간관계로 인해 내 영혼이 다치지 않기 위해선 먼저 나를 따뜻하게 품어주고 보듬어 주어야 합니다. 그들로부터 나를 보호하십시오.

려놓음 카드입니다. 관계를 단호하게 정리할 수도 없고, 내 마음을 토로해봤자 조율이 전혀 안 되는 경우도 있습니다. 말 그대로 이도 저도 못하는 상황입니다. 이런 경우는 대부분 가족 구성원일 확률이 높습니다.

상황이 이렇다면 정말 고통스러울 수밖에 없습니다. 가족 혹은 친구란 이름으로 얼마나 더 많은 희생을 치러야 하는지 가늠하기 힘듭니다. 슬프게도 이런 경우엔 어찌할 수 없는 답답함과 끝없는 영혼의 상처를 지속적으로 받게 됩니다.

물론 이런 경우도 단절 방법을 쓸 수 있습니다. 나를 위한 결단을 감행하는 겁니다. 하지만 그럴 수 없다면 스스로의 마음을 다스릴 수밖에 없습니다.

즉 아예 마음을 내려놓는 것입니다. 마음을 비움으로 괴롭다는 감정 조차 갖지 않는 것입니다. 그것이 나를 살리는 유일한 방법입니다.

그냥 '에라! 모르겠다'란 생각으로 바라는 마음과 원망스러운 마음을 다 내려놓고 '그러려니~'하면서 있는 것입니다.

이것은 상대에 대한 무관심이 아니라, 상대의 행동에 대한 무반응입니다. 어떤 생각이나 어떤 감정이 들려 해도 그냥 반응하지 말고 신경 쓰지도 마십시오. 나의 화나고 아픈 마음에 동화되지 않는 겁니다. 그저 내 마음이라도 보호하는 차원에서 무반응, 무저항을 선택하는 것입니다.

그러려면 그 관계에 큰 의미를 두지 않아야 합니다. 의미가 가벼워야만 상대에게 무뎌질 수 있습니다.

상대가 마구 지껄이는 악담을 한 귀로 듣고 한 귀로 흘리려면 그 말에 의미를 두지 않아야 합니다. 그 언어들이 내 마음에 들어오지 못하도록 철저하게 흐르는 오물이라고 생각하고 그저 흐르게 두십시오. 그 말에 섞여 있는 단어 하나라도 붙잡아 곱씹으면 안 됩니다.

상대를 위해 에너지를 낭비하지 마십시오. 도의적인 차원에서 약간의 도움을 줄 수 있지만 마음은 쓰지 마십시오. 그러려면 고도의 마음 수련이 필요합니다. 물론 쉽진 않지만 노력하다보면 상처 주는 이로부터 거리를 두고 그의 말과 행동에 조금씩 무뎌질 수 있습니다.

나를 괴롭히는 사람에게 벗어날 수 있는 세 가지 방법을 말씀드렸습니다. 많은 지면을 할애해 상세하게 설명한 이유는 이것이 무엇보다 중요하기 때문입니다. 우리 인간은 관계의 동물입니다. 사람들 속에서 살아야 하는 존재고 그 관계에 굉장히 예민하게 반응합니다. 사람으로 인해 기쁘고, 사람으로 인해 상처받고, 사람으로 인해 힘을 얻고, 사람으로 인해 힘들어집니다.

살아가면서 엄청난 영향을 받을 수밖에 없는 것이 인간관계입니다. 인간관계는 매우 복잡하고 심층적이라 언제나 쉽지 않습니다. 그리고 모든 사람이 다 힘들어 합니다. 나만 힘든 것이 아닙니다. 내가 부족해서 힘든 것이 아닙니다.

인간관계로 인해 내 영혼이 다치지 않기 위해선 먼저 나를 따뜻하게 품어주고 보듬어 주어야 합니다. 결국 나를 보호하는 것은 온전히 나입니다. 그들로부터 나를 보호하십시오.

# 주사위의 확률

성공과 실패는 두 가지의 성질을 가지고 있습니다. 운 또는 확률게임이 그것입니다. 어떤 것은 운에 의해 작용하고, 또 어떤 것은 승률을 쌓아서 승부를 봐야 합니다.

하지만 운이란 우리의 영역이 아닙니다. 그것은 하늘과 운명의 관할이라고 해도 과언이 아닙니다. 다시 말해 우리 힘으론 운을 결정지을 수 없습니다.

결국 우리에게 남은 선택지는 확률게임 뿐입니다. 확률게임이란 노력해서 성공의 확률을 높이는 작업을 말합니다. 이것을 노력이라고 말할 수도 있지만, 더욱 깊은 의미에선 힘의 비축입니다.

어떤 것에 승부를 볼 때 '죽기 아니면 까무러치기' 마음으로 달려드는 승부사들이 있습니다. 이 승부사들은 한 게임에 모든 것을 겁니다.

몇몇 사람들은 이런 죽고살기의 마음가짐으로 임해야 성공할 수 있다고 말합니다. 물론 무엇인가에 목숨을 바쳐 열정을 불태우는 것은 멋진 일입니다. 또 그런 불타는 화력은 일을 더욱 진취적으로 추진하는 연료가 되기도 합니다.

하지만 승부에 언제나 100%의 확률이란 존재하지 않습니다. 이기고 지고의 기로에 서있는 게임 세계에 100% 승률이란 없기 때문입니다.

그리고 어려운 게임일수록 승리하는 사람보다 패하는 사람이 더 많습니다. 인기가 많으면 많을수록 많은 사람이 갖고 싶어 하므로, 경쟁률로 인해 승률이 더욱 낮아지는 것은 당연합니다.

물론 '죽기 아니면 까무러치기' 마음으로 모든 걸 걸고 열정을 불태우면 성공을 거둘 수 있는 확률이 올라가긴 합니다. 하지만 맨 위의 단상에 올라서는 한 사람보단 그 밑의 등수를 채워주는 사람이 훨씬 많은 것이 명백한 현실입니다.

경쟁률이 100:1인 회사에 취업을 한다고 예를 들어보겠습니다. 이건 더 이상 실력의 문제가 아닐 수 있습니다. 1% 확률에서 승리하려면 하늘의 도우심이 있어야 합니다.

저는 100명 중 합격한 한 명의 이야기를 하려는 것이 아닙니다. 실패한 99명의 이야기를 하고 싶습니다. 불합격이라는 쓰라린 패배를 맛본 사람들 말이죠.

실패로 인한 아픔의 강도는 모두 다릅니다. 어떤 이는 훌훌 털고 일어나겠지만 어떤 이는 깊은 절망에서 헤어 나오지 못합니다.

왜 아픔의 강도가 이토록 다를까요? 결과에 얼마나 많은 목숨을 걸었느냐가 다르기 때문입니다. 승패에 목숨을 다 건 사람은 누구보다 데미지가 큽니다. 하지만 반대로 남은 목숨이 조금이라도 있는 사람은 어서 정신을 차려서 다시 살 궁리를 할 것입니다.

이것은 바로 중요성의 문제입니다. 어떤 결과에 얼마나 많은 중요성을 부여했느냐에 따라서 실패시 상황은 매우 달라집니다. 패배했을 때 다시 일어날 수 있는 힘이 남았다면 그 시기를 강하게 버틸 수 있습니다. 하지만 결과에 목숨까지 걸어버리는 승부를 벌였다면 패배는 그야말로 죽음과도 같습니다.

링 위의 권투선수를 상상해 봅시다. 그들은 때리기도 하고 맞기도 합니다. 하지만 어떤 권투선수도 몇 대 얻어맞았다고 해서, 상처받고 링 아래로 내려가지는 않습니다. 그들 승부에선 맞는 것도 때리는 것만큼 중요하기 때문입니다.

승부는 누가 더 많이 때렸고 잘 때렸냐로 결정됩니다. 그러므로 몇 대를 때리고, 몇 대를 맞았느냐를 세가면서 링 위에서 경기를 치를 순 없습니다. 그냥 최선을 다해 싸워야 할 뿐이고, 그러려면 얻어터지고 상처나고 쓰러지는 것에 크게 개의치 않아야 합니다. 그래야 한 대라도 더 때립니다.

모든 경기를 한 방의 KO승을 기대하고 올라서면 안 됩니다. 그런 마음가짐으로 달려들면 반드시 패배합니다.

고등학교 때 아주 중요한 시험을 너무 못 봐서 엉엉 울었던 기억이 있습니다. 웬만해선 성적 가지고 울 아이는 아니었지만, 그

땐 너무 많이 틀려서 충격을 받았던 것 같습니다.

하지만 20년이 흐른 지금, 그 시험이 무슨 과목이었는지 조차도 기억나지 않습니다. 그땐 그 시험으로 인해 인생을 망칠 것 같아 괴로웠는데, 20년 정도 지나고 보니 그 일은 그렇게 큰 일이 아니었음을 알게 되었습니다.

> 주사위를 던져 원하는 숫자가 나오게 하려면 한 번 던지는 것보단 여러 번 던지는 것이 확률적으로 훨씬 높습니다. 주사위를 다시 던질 만한 힘과 여유는 비축해 놓아야 합니다. 그래야 다시 일어설 수 있고, 또 도전하면서 성공 확률을 높일 수 있습니다.

중요성의 강도는 시간이 흐르면 달라집니다. 그땐 죽을 만큼 절실했지만, 지나고 보면 그것도 하나의 배움의 과정이었음을 알게 됩니다.

목표에 중요성을 부여하면 부여할수록 그 결과에 따라 내 운명도 좌지우지된다고 착각하게 됩니다. 더불어 조급한 마음은 물론이고, 두려운 마음이 너무나 커서 삶의 여유란 찾아볼 수조차 없게 됩니다. 이것이 실패하면 돌아갈 길도 없다고 생각하니 처절하기까지 합니다.

물론 목표의 절실함이 열정에 보태진다면 큰 힘을 발휘할 수 있습니다. 하지만 실패했다고 하더라도 그것에 나의 모든 것이 달려있다고 생각하면 안 됩니다. 목숨 걸고 달려들어서는 안 된다는 것입니다.

목표나 소망에 모든 것을 걸지 말아야 합니다. 다시 솟아날 구멍으로 최소 20~30% 정도의 여지를 남겨 두어야 합니다. 그래야 다시 일어설 수 있습니다.

주사위를 던져 원하는 숫자가 나오게 하려면 한 번 던지는 것보단 여러 번 던지는 것이 확률적으로 훨씬 높습니다.

주사위를 다시 던질 만한 힘과 여유는 비축해 놓아야 합니다. 그래야 다시 일어설 수 있고, 또 도전하면서 성공 확률을 높일 수 있습니다.

한 번에 끝나는 것이 아닙니다. 한 번에 모든 것을 거는 것보단 다시 도전하고 또 도전하는 것이 현명합니다. 그러기 위해선 힘의 비축이 중요합니다. 그래서 확률게임을 힘의 비축이라 설명드린 것입니다. 힘이 남아 있다면 언제든 다시 주사위를 던질 수 있습니다. 그리고 주사위를 많이 던지면 던질수록 확률은 높아집니다.

농구선수들은 경기시간이 0.1초라도 남아 있으면 무조건 골

대로 공을 던집니다. 마지막 순간까지 승률을 높이기 위해 최선을 다하는 것입니다.

하지만 재도전 할 땐 아무 생각 없이 도전하면 안 됩니다. 실패에서 깨달은 것을 배우고, 고쳐야 할 것은 고쳐야 합니다. 그것이 공부입니다. 단지 운이 없었다고 생각하고 실패했던 방법 그대로 도전한다면 여전히 성공 확률은 낮습니다.

노력이 결실을 맺으려면, 결과가 좋든 나쁘든 이 과정을 이해하는 자세가 필요합니다. 우린 배움과 경험의 점과 선을 찍고 있는 사람들입니다. 그림이 완성되려면 점과 선이 반드시 필요합니다. 이처럼 과정도 결과도 모두 소중한 체험입니다.

결과엔 개의치 않더라도 과정에선 떳떳해야 합니다. 이것이 바로 우리가 할 수 있는 유일한 승리 포인트입니다.

# 43

# 감사의 기적

늘 불평불만을 일삼는 사람의 태도엔 두 가지 특징이 있습니다. 한 가지는 '도대체 이해할 수 없어!'라는 태도이고, 또 하나는 감사할 줄 모르는 태도입니다.

그들은 늘 무엇인가를 마음에 들어하지 않고, 충분치 못하다고 생각합니다. 자신에게 조금이라도 해를 끼치거나, 기분을 상하게 하면 어마어마한 손해를 본 것처럼 억울해 하고 화를 냅니다. 반대로 좋은 혜택과 베품을 받는 일이 생겨도 감사할 줄 모릅니다. 항상 뭔가 부족하다는 듯 행동하고 말합니다.

그들은 언제나 습관처럼 결핍을 노래합니다.

불평불만이 많은 사람은 늘 무엇인가 요구하는 태도를 갖습니다. 더 많은 것을 원하고, 자신의 마음에 꼭 들길 바랍니다. 하지만 그 바람은 결코 이루어지지 않습니다. 만족을 모르고 감사를 모르기 때문입니다.

감사하는 태도는 모든 복을 불러들이는 행위입니다. 우주적인 차원에서 봤을 때 감사는 이미 받았다는 충족에서 비롯됩니다. 그래서 우주는 감사하는 사람을 이미 가진 자 혹은 가질 자격이 충분한 자로 인식합니다.

감사는 가장 좋은 것을 끌어당기는 마법입니다. 지금 이미 받았기에, 이미 주어졌기에, 이미 완벽하다고 느끼기에 감사를 말할 수 있습니다.

하지만 우리는 평소에 감사보다 결핍에 대한 이야기를 더 많이 합니다.

"~을 가졌으면 좋겠어."
"~이 되면 좋겠어."
"~이 있다면 이러진 않았을 텐데…"

우주는 스스로가 증언하는 대로 인식합니다. 무엇인가 더 있었으면 좋겠다는 이야기는 이미 그것이 없다는 증언입니다. 그러므로 만족을 모르는 마음은 사실 결핍에 대한 증언이요, 능력 부족에 대한 확언이기도 합니다. "난 그것이 없다"라는 증언은 아무런 도움이 되지 못합니다. 부족하고 원하기만 하는 현실이 반복될 뿐입니다.

"나는 지금 그것을 갖고 있지 않다"로 증언했기에 우주는 증언한 대로의 삶을 복사하여 보여줍니다. 즉 지금 없는 삶을 보여줍니다.

이런 증언을 피하는 방법은 감사입니다. 감사는 나의 상태를 충족의 상태로 종결시키는 멋진 주문과도 같습니다.

"지금 나에게 이런 여유가 있어 감사합니다."

"나에게 건강을 허락하셔서 감사합니다."

"내가 이런 멋진 곳을 볼 수 있어 감사합니다."

"상황이 힘들지만, 더 큰일을 모면해서 정말 다행입니다. 감사합니다."

감사하는 자에게는 더욱 감사할 일이 생깁니다.

감사의 특징은 다음과 같습니다.

감사는 사랑에 대한 증언입니다. 가진
것에 대한 사랑이 있으니 감사를 전하는
것입니다. 예를 들어 내가 쓰레기를 선물
받았다면 감사하단 생각이 들지 않습니
다. 하지만 꽃을 선물받으면 감사함이 절
로 나옵니다. 그러므로 감사는 내가 좋은 것을 갖고 있다는 증언
이 되기도 합니다. 내가 갖고 있는 것을 최상의 것으로 만드십시
오. 그것이 감사입니다.

> 감사는 크나큰 힘을 가지고
> 있습니다. 감사는 감사를 부릅니다.
> 그러므로 감사하면 감사할수록
> 감사할 일이 늘어납니다.
> 사랑, 풍요, 겸손함은 우리를
> 아름다운 삶으로 인도합니다.
> 그리고 그것의 마스터키는 감사에
> 있다는 것을 기억하십시오.

감사는 풍요에 대한 증언입니다. 더 좋은 것을 바라는 마음이
아닌, 이미 가진 것이 충분하다는 마음일 때 풍요로움을 느낍니
다. 그 풍요로움에 감사한 마음이 나옵니다. 난 지금 충분히 갖
고 있는 사람이라는 증언을 하십시오. 그것이 감사입니다.

또한 감사는 겸손의 마음입니다. 낮은 자세가 아닌 높은 자세
로 있는 사람은 감사를 모릅니다. 무엇이 주어져도 당연하거나
혹은 하찮은 것이라 여깁니다. 하지만 낮은 자세에선 나에게 주

어진 모든 것이 선물로 느껴집니다. 늘 낮은 자세로 주어진 모든 것에 감사하십시오. 겸손함의 표현이 감사입니다.

감사는 크나큰 힘을 가지고 있습니다. 감사는 감사를 부릅니다. 그러므로 감사하면 감사할수록 감사할 일이 늘어납니다. 이것은 진리입니다.

물론 감사함을 갖는 것도 훈련이 필요합니다. 불평불만을 일삼는 것이 습관이 되어버린 사람에게는 힘든 훈련이 될 수도 있습니다.

첫 출발은 일단 입으로라도 "감사합니다"란 말을 반복하는 것입니다. 말이 씨가 되어 언젠간 마음을 움직이게 될 것입니다.

사랑, 풍요, 겸손함은 우리를 아름다운 삶으로 인도합니다. 그리고 그것의 마스터키는 감사에 있다는 것을 기억하십시오.

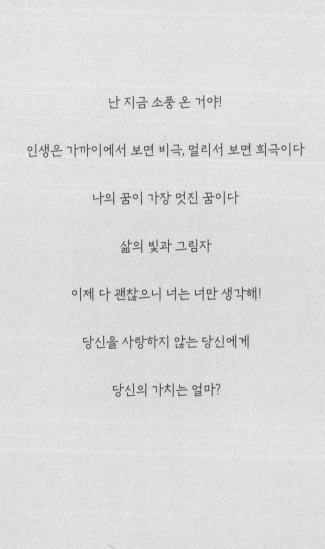

난 지금 소풍 온 거야!

인생은 가까이에서 보면 비극, 멀리서 보면 희극이다

나의 꿈이 가장 멋진 꿈이다

삶의 빛과 그림자

이제 다 괜찮으니 너는 너만 생각해!

당신을 사랑하지 않는 당신에게

당신의 가치는 얼마?

# 9부

# 삶이란 도화지에
# 그려지는 그림

남이 나에 대해 어떤 평가를 내리든 마음에 두지 않고,
남이 나를 싫어해도 두려워하지 않고, 인정받지 못한다는
대가를 치르지 않는 한 자신의 뜻대로 살 수 없어.
 – 기시미 이치로

# 44

# 난 지금 소풍 온 거야!

몇 해 전 마음공부를 시작하기 직전이, 살면서 가장 우울했던 시간이었습니다. 그땐 모든 일이 원활하지 않았습니다. 일도 잘 풀리지 않았고, 개인적인 갈등, 인간관계의 어려움 등이 한꺼번에 찾아왔습니다. 이 모든 스트레스가 병이 되어 스트레스성 위장염이 걸리는 등 건강까지 악화되자 그야말로 만신창이가 되어버린 것 같았습니다.

세상엔 좋은 사람보단 이상한 사람, 그리고 나를 괴롭히는 사람이 더 많다는 생각에 현실에서 도망치고 싶었습니다. 하늘도 나를 사랑하지 않고, 이유없이 미워하는 것만 같았습니다.

이 글을 읽고 있는 여러분도 이런 막막한 우울함을 겪은 경험이 있을 것입니다. 이 우울함은 당황스럽기까지 합니다. 왜냐하면 어떻게 하면 이 막막한 기분에서 벗어날 수 있을지, 그 누구도 정확히 알려주는 이가 없기 때문입니다.

그리고 어디에서도 위로받지 못했습니다. 종교라는 울타리조차도 제 마음을 보듬어 주지 못했습니다. 믿음이 부족한 것일 수도 있습니다. 하지만 저는 그곳에서 탈출구를 찾지 못했습니다.

오히려 성전이라는 성스럽고 거룩한 공간에 들어와 있다 해도, 내 마음이 지옥이라면 그곳은 천국이 아님을 깨닫게 되었습니다.

'천국과 지옥은 따로 있는 것이 아니구나. 그저 내 마음이 천국과 지옥을 결정하는구나. 비밀은 마음에 있다!'

이것을 깨달은 저는 마음공부를 시작했습니다. 감사하게도 마음공부는 저에게 아무도 설명해 주지 않았던 아픔의 원인을 깊게 일깨워 주었습니다. 모든 불화의 원인은 내면세계에 있었습니다. 저는 삶의 태도를 바꾸기 시작했습니다.

"모든 것은 지금 이 순간에만 존재한다."

> 이제는 가벼운 마음으로 인생을 살기로 결심했습니다. 너무 많은 의미와 각오와 목표가 난무하는 삶에서, 이제는 지금 이 순간을 즐길 줄 아는 여유로운 여행자의 마음으로 살기로 말이죠.

지금 바로 이 순간의 마음 상태가 전부입니다. 우주에선 시공간이 존재하지 않습니다. 과거도 없고 미래도 없습니다. 오로지 지금만 있습니다. 따라서 지금 이 순간 내 마음 상태가 천국과 지옥을 결정합니다.

저는 환경이 어떻든간에 여기가 천국이라고 생각하며 살기로 결심했습니다. 매 순간을 깨달은 사람의 지혜로 살진 못해도, 대부분의 인생을 천국인 것처럼 주도하며 살기로 말이죠.

천국에서 사는 것처럼 살기 위해선 소풍 가는 마음을 가져야 합니다.

소풍은 그 이름만으로도 설레고 기쁩니다. 부푼 마음을 안고 도시락도 준비하고, 한껏 멋도 부리고 기쁘게 출발합니다. 도착하면 구경도 하고, 놀이도 하고, 도시락도 먹고, 친구들과 수다도 열심히 떱니다.

특별한 것이 기다리지 않아도 소풍이라는 테마가 주는 시간과 공간의 달콤함이 있습니다. 그러므로 그 시간은 특별하고 소중하기에, 소풍이 끝나도 그 시간들을 추억할 수 있습니다.

우리 영혼도 마찬가지입니다. 우주라는 공간에서 완벽함으로 존재하다가 지구라는 별에 소풍을 온 것입니다. 그것이 여러분입니다.

우리는 지구라는 별을 찾아온 별조각(빛)으로 많은 것을 구경하고 경험하고 느끼려고 이곳을 선택했습니다. 행복하고, 사랑하고, 슬프고, 분노하고, 감사하는 이런저런 감정이 어떤 것인지 느껴보고 싶었고, 각양각색의 삶을 체험하고 싶었습니다. 이곳을 선택한 영혼은 그렇게 촘촘한 경험을 시간이라는 탑으로 쌓아가며 인생을 살아갑니다. 즉 이곳은 영혼이 선택한 체험학습장입니다.

소풍을 온 사람은 비싸고 멋진 옷을 걸치지 않아도, 좋은 차를 몰지 않아도, 학력이 뛰어나지 않아도, 돈이 많지 않아도 괜찮습니다. 목적은 좋은 것을 보고 느끼며 행복하려는 것이기 때문입니다. 무엇을 지니고 있느냐 보단 어떻게 즐기느냐가 더 중요합니다.

소풍을 가는 목적은 불행하고 우울하기 위함이 아닙니다. 물론 때론 다리가 아플 수도 있고, 넘어질 수도 있습니다. 하지만 즐거운 소풍을 끝낼 수 없기에 다시 힘을 내서 일어납니다.

굳이 앞장서 걷지 않아도 됩니다. 때론 뒤쳐져서 걸어도 됩니다. 올라갈 때가 있고, 내려 갈 때도 있습니다. 힘들면 쉬다 가도 괜찮습니다. 인생을 사는 동안 주어진 시간을 그렇게 소풍처럼 즐기면 됩니다.

이 얼마나 소중하고 아까운 시간인가요? 우리 영혼은 이 시간을 얼마나 고대하며 이곳으로 왔을까요? 이 곳 지구라는 별에서 겪을 수 있는 다양한 일들을 체험하며, 나를 알아가고, 세상을 알아가는 시간은 너무 달콤하고 소중합니다. 지금의 내가 만족할 수 있도록 기쁘고 즐겁게 행복하게 살면 되는 것입니다.


배움은 늘 긍정으로 찾아오지 않습니다. 오히려 고난의 모습으로 위장하고 오는 경우가 훨씬 많습니다. 그러므로 우리 삶이 지금 고난 속에 있어도 슬퍼할 필요가 없습니다. 그것을 통해 많은 것을 배울 수 있고 또한 더 좋은 것을 얻을 것이기 때문입니다.

저도 이제는 가벼운 마음으로 인생을 살기로 결심했습니다.

너무 많은 의미와 각오와 목표가 난무하는 삶에서, 이제는 지금 이 순간을 즐길 줄 아는 여유로운 여행자의 마음으로 살기로 말이죠.

가끔 주저앉고 싶을 때, 포기하고 싶을 땐, 영혼의 소풍을 기억하기 바랍니다. 무거운 돌덩어리를 어깨 위에 올려놓고 살지 말고, 어깨 위의 짐을 내려놓으십시오. 내려놓을 수 없는 것이라면 솜처럼 가볍고 부드럽게 인식하며 그저 수용하기 바랍니다. 그 고통 또한 영혼이 선택한 체험일 수 있습니다.

바람이 불면 바람을 느끼고, 꽃과 나무 등 아름다운 자연경관이 눈에 들어오면 그 아름다움을 눈에 담으며 즐기기 바랍니다. 목표를 향해 열심히 달리기도 해보고, 실패와 좌절도 경험해 보기 바랍니다. 맛있는 음식도 즐기고, 인간이 주는 따뜻함과 차가움도 모두 경험해 보기 바랍니다. 그것이 진정 체험을 선택한 멋진 당신 영혼이 원하는 것들입니다.

# 45

## 인생은 가까이에서 보면 비극, 멀리서 보면 희극이다

찰리 채플린은 이런 명언을 남겼습니다.

"인생은 가까이에서 보면 비극이고, 멀리서 보면 희극이다."

이보다 더 삶을 잘 표현한 말은 없는 것 같습니다. 가까이에선 희노애락에 어떤 의미가 있는지 알 수 없습니다. 지금 당장은 뭐가 좋고 뭐가 나쁜지 판단하기 어렵기 때문입니다. 끝없이 휘몰아치는 하나하나의 사건이, 어떤 의미를 담고 나에게 찾아왔는지 알 수 없습니다.

  예를 들어 복권에 당첨되어 어마어마한 당첨금을 가지고 벼락부자가 된 사람 중 말년에 폐인이 되는 사람이 많습니다. 그에게 복권 당첨은 행복이 아니라 불행의 씨앗인 셈입니다. 세상 온갖 복을 한 번에 당겨 받았음에도, 그 운이 나에게 어떻게 작용할지는 시간이 흐른 후에야 알게 되는 것입니다.

  반면 젊은 시절 뭘 해도 일이 풀리지 않아 힘든 시기를 보내지만 끝까지 인내하고 노력한 사람들이 있습니다. 그들에게 삶이란 모진 풍파와 불운의 연속이지만 결국에는 꿈을 이루고 성공을 거둡니다. 그들은 많은 시련이 있었기에 지금의 자신이 있을 수 있었다고 말합니다.

  그들에게 시련은 꼭 필요한 과정이었습니다. 한번쯤은 제대로 된 매정한 점수를 아프게 받아봐야 깨닫고 성장할 수 있었던 필연적인 상황이었던 것입니다.

  비록 마음의 상처와 몸 고생, 외로움, 그리고 시간이라는 비용을 치러야 하지만, 어려움을 극복하는 과정에서 배운 어마어마한 삶의 지혜는 우리를 성공과 행복으로 이끌어 줍니다.

우리는 탄탄대로를 원하지만 인생길은 굽이굽이 굴곡지고 좁은 길입니다. 마음먹은 대로 이루고 성공하기를 원하지만 실패하거나 혹은 시도조차 못할 정도로 상황이 따라주지 않습니다. 행복하기를 원하지만 뜻하지 않게 비극적인 사건 사고를 당하여 불행하기도 합니다.

그럴 때마다 신을 원망하고 남의 탓을 합니다. 왜 나에게만 이런 시련을 주느냐, 나는 잘못이 없다면서 고통 가운데 울고 절망하고 자포자기 합니다. 자신의 환경과 여건이 열악한 것을 원망하기도 합니다.

집안의 형편과 부모의 능력에 따라 금수저, 흙수저를 물고 태어난다고 말하지만 그것은 중요한 것이 아닙니다. 태어남은 시작이지 끝이 아닙니다. 금수저를 물고 태어났어도 향락, 문란한 사생활로 하루아침에 나락으로 떨어지는 재벌 3세가 얼마나 많습니까? 반대로 흙수저를 물고 태어났어도 노력하면 행복하고 빛나는 삶을 살 수 있습니다.


우리가 겪는 수많은 일들 가운데 그 당시는 그것이 불행인지 다행인지 모르는 경우가 많습니다. 그때는 분명 실망스럽던 결과인데 지나고 보면 그것이 내 삶에 큰 도움이었음을 깨닫기도 합니다. 물론 서투른 판단을 해대는 우리의 '에고'는 열심히 마음에 방망이질을 해댐으로써 우리가 피해자인 것처럼 행동하게 할 것입니다.

하지만 모든 것은 당시로선 혹은 나로서는 알 수 없는 일입니다. 이게 정답입니다.

우주가 우리에게 주는 숙제는 우주의 계획안에 들어가 있는 것이므로, 우리의 얕은 지성으로는 그 뜻을 알 수 없습니다. 그러니 한탄을 해봤자 소용도 없고 남는 것도 없습니다. 알 수 없는 길이니 그냥 편한 마음으로 두고 보는 것이 좋습니다.

우리가 할 수 있는 거라곤, 우주가 내준 숙제를 열심히 푸는 것 밖에는 없습니다. 결과를 예측할 수 없지만 그냥 묵묵히 숙제를 풀어야 합니다. 이것이 바로 배움의 자세, 삶에 대한 겸손함입니다.

불행한 일, 안 좋은 일 속에는 몇 배의 배움이 들어가 있습니다. 직접 체험하되, 가능하면 그 배움이 주고자 하는 지혜의 메시지를 읽어야 합니다. 몇 날 며칠을 세상 원망만 하고 있다가는 절대 지혜의 메시지를 읽을 수 없습니다. 문제를 거부하고 울고 불평해 봐야 아무것도 해결되는 것은 없습니다. 문제를 풀어야 합니다.

문제를 푸는 공식은 간단합니다. 그저 몸으로 마음으로 부딪혀 그 상황을 이겨 내고, 나를 통해 체험이 흐르도록 허용하

> 우리가 겪는 수많은 일들 가운데 그 당시는 그것이 불행인지 다행인지 모르는 경우가 많습니다. 그때는 분명 실망스럽던 결과인데 지나고 보면 그것이 내 삶에 큰 도움이었음을 깨닫습니다.

는 것입니다. 원망이나 저항이 아닌 그 상황을 온 마음으로 받아들이고 해결점을 찾아야 합니다. 그때서야 배울 수 있습니다.

기억해야 하는 것은 모든 사람에겐 각기 다른 문제집이 주어진다는 것입니다. 전부 각각의 영혼이 추구하는 삶이 다르므로, 같은 문제집이 주어질 리 없습니다. 내가 더 배워야 하는 것들, 내가 극복해야 할 것들, 내가 느끼고 경험해야 하는 숙제는 겹치는 법이 없습니다.

당연히 각양각색의 온갖 문제로 다르게 주어집니다. 따라서 문제도 다르고 답도 다릅니다. 그러므로 부디 나와 다른 사람의 인생을 비교하지 마십시오.

오답 노트 또한 아름답다는 것도 기억해야 합니다. 아기는 걸음마를 배울 때 넘어진다고 창피해 하지 않습니다. 애벌레는 자

기 몸이 징그럽다고 자신을 포기하지 않습니다. 그런 흉하고 아픈 순간이 지나야 나비가 되어 날개를 펼칠 것을 알고 있기 때문입니다. 그것이 지혜입니다.

넘어지고 틀리는 것은 우리가 열심히 살고 있다는 증거입니다. 아프다는 것은 노력했다는 뜻입니다. 세상은 그저 배움의 장입니다. 배움을 준다는 것은 우리가 성장하기를 원하는 우주의 사랑이기도 합니다.

# 나의 꿈이 가장 멋진 꿈이다

저는 사람들이 환호하는 때깔 고운 꿈보단 제 영혼이 좋아하는 파스텔 빛의 삶을 선택했습니다. 전 그게 좋습니다. 높은 고층 건물의 스위트룸보다는 꽃나무가 드리워진 작은 통나무집이 더 좋습니다. 근사하고 멋진 정장 차림보단 빨강머리 앤이 입을 듯한 러블리하고 편한 원피스가 더 좋습니다.

저는 크고 화려한 성공을 꿈꾸지 않습니다. 물론 크고 화려한 꿈을 갖는다는 것은 정말 멋진 일입니다. 하지만 저에게 어울리는 꿈은 자유롭고 아기자기하고 평화로운 삶입니다. 또한 빛나는 소명을 지녀야 하고, 육체적으로 힘들지 않아야 합니다. 그리고 반드시 제가 즐길 수 있는 일이여야 합니다.

어떤 꿈이던, 꿈이 있다는 것 자체만으로도 정말 멋진 일입니다. 그러니 여러분도 꿈을 갖기 바랍니다. 대신 꿈을 이루려면 스스로 그것을 가질 만한 그릇이 되어야 함도 잊지 말기 바랍니다. 내 그릇에 맞지 않는 과분한 운과 복이 쏟아져 들어와도, 그릇이 바뀌지 않는 한 천운은 잠깐의 희열만 안겨주고 사라질 것입니다.

여러분이 그 꿈에 어울리는 사람이 되어야 합니다. 내 그릇의 크기를 잘 파악하는 것도 꿈을 정하는 요령일 수 있습니다.

더 정확히 말하면 꿈의 크기는 크고 작음이 없습니다. 나와 맞는 꿈인지 맞지 않는 꿈인지가 있을 뿐입니다. 나에게 맞는 내가 정말 원하는 꿈을 꾸십시오. 다른 사람의 시선을 의식하여 내가 원하지도 않는 꿈을 내 꿈인양 착각하면 안 됩니다.

내가 진심으로 원하는 것을 선택하고, 그것을 위해 나아가십시오. 그것이 의미있는 삶입니다. 자유롭게 꿈꾸고, 자신의 인생을 사랑하기 바랍니다.

우리의 존재는 빛의 형태입니다. 빛은 고유의 빛과 색과 결을 가지고 있습니다. 다른 빛을 똑같이 따라하려고 해도 그것은 불가능합니다. 예를 들어 여러 개의 촛불을 켜놓은 다음, 모두 똑같은 모양의 불꽃이 만들어지길 기대하는 것과 같습니다. 그건 불가능합니다.

꿈의 크기는 크고 작음이 없습니다. 나와 맞는 꿈인지 맞지 않는 꿈인지가 있을 뿐입니다. 나에게 맞는 내가 정말 원하는 꿈을 꾸십시오. 다른 사람의 시선을 의식하여 내가 원하지도 않는 꿈을 내 꿈인양 착각하면 안 됩니다.

여러분과 타인은 다른 빛임을 인정하십시오. 원료는 하나지만 각각의 빛으로 이곳으로 온 만큼, 각기 다른 빛으로 이곳을 별처럼 수놓아야 합니다.

그러므로 내 꿈이 다른 사람의 기준에 멋지지 않아도, 다른 사람에게는 하찮아 보여도 그것이 내가 원하는 것이라면 그 꿈을 향해 나아가야 합니다. 그것이 나에게는 가장 멋진 꿈이기 때문입니다. 눈치 보지 마십시오. 그 꿈은 당신을 빛나게 할 멋진 꿈이고 당신도 멋진 사람입니다.

오히려 자기가 무엇을 좋아하는지 조차도 모르고, 누군가의 화려함을 부러워하거나 누군가의 권유에 따라 꿈을 꾸는 사람이 초라한 사람입니다.

저는 억지로 올라가려 애쓰지 않을 거고, 그저 내 삶에 집중하고 정성을 다할 것입니다. 그렇게 제가 성장을 거듭하면 더 큰 자리, 더 큰 소명이 저를 기다리고 있기에 조급해 하지 않을 것입니다.

도전하고 경험하기를 반복하면 무조건 성장합니다. 물론 실패하면 누군가에게 수군거림의 대상이 되겠지만 괜찮습니다. 결과와 상관없이 성장했으므로 가치가 있는 일을 한 것입니다.

지금 저의 목표는 '내가 선택한 일을 얼마나 잘해내느냐' 입니다. 제가 도전을 했든 세상이 도전을 던져주었든 상관없습니다. 그저 제 몫을 정성스럽게 해내는 것이 중요한 것이며, 그것이 책임 또는 순응입니다. 남과 비교할 필요가 없습니다. 무엇보다 중요한 것은 나입니다.


최종 우승자는 지금 행복한 사람입니다. 그저 숨만 쉬어도 행복하다면, 숨만 쉬어도 승리한 자가 되는 것입니다. 꿈은 더 행복하라고 꾸는 것이지, 남에게 자랑하기 위해 꾸는 것이 아닙니다.

# 47

# 삶의 빛과 그림자

역사적인 팝 아티스트인 마이클 잭슨과 휘트니 휴스턴은 화려한 재능을 꽃피우다가 약물중독으로 생을 마감했습니다. 수천억 원의 자산과 세계적인 명성, 신이 내려주신 재능, 시대를 잘 만난 천운까지 너무 많은 것을 가진 그들이었습니다.

일반인은 갖지 못하는 많은 것을 갖고 있음에도 그들은 왜 행복하지 않고 우울했을까요? 그들은 왜 약물에 손을 댔을까요? 그들이 갖고 있는 재능과 물질, 인기는 그들을 지켜 주지 못했고 약물도 그들을 지켜 주지 못했습니다. 오히려 그들을 파멸시킨 원인이 되었습니다.

화려하고 강렬하게 빛나는 빛 뒤에는 반드시 그에 상응하는 짙은 그림자가 있습니다. 빛과 그림자는 한 세트와도 같습니다. 하지만 우리는 화려한 빛만 바라볼 뿐, 강력한 어두움을 알아보지 못합니다. 그래서 화려한 삶의 사람들은 늘 외롭습니다. 사람들은 빛에만 열광할 뿐 어두움은 보듬어 주려 하지 않기 때문입니다.

크고 화려한 왕관은 견디기 힘들게 무겁습니다. 사람들의 관심, 사랑, 인기, 명성, 권력은 좋은 것이 아닙니다. 그것은 오히려 독이 되고 올가미가 될 수 있습니다.

우리는 빛만 보는 것이 아니라 어두움도 함께 볼 수 있어야 합니다. 빛이 있는 쪽으로 무조건 달려들었다 타버려 죽는 불나방처럼 무모한 레이스는 하지 말아야 합니다.

또한 화려함에 숨겨진 어두움을 이미 알고 있어도 그것을 거부할 수 없으면, 그땐 숙명처럼 받아들여야 합니다. 즉 때가 되었고, 자격이 됐기에 화려하고 중요한 자리에 앉게 된다면 그에 맞는 큰 책임을 감당해야 합니다.

영화《스파이더 맨》을 보면 "큰 힘에는 큰 책임이 따른다"란 명대사가 나옵니다. 책임을 다할 수 있는 능력이 바로 그릇입니다. 할 수 있는 한 최선을 다해 삶의 책임을 다하면 됩니다. 이왕이면 사랑과 정성을 다해서 말입니다.

우리 삶의 한 땀 한 땀이 정성과 사랑으로 새겨질 때, 아름다운 한 폭의 그림이 완성되어 갑니다. 그러므로 내가 머무르는 한 점 한 점을 더욱 빛나게 해야 합니다.

이런 삶의 자세를 가진다면 더 이상 타인의 시선과 명성에 연연하지 않을 수 있습니다. 다른 사람의 화려한 삶을 부러워하지 마십시오. 다른 사람이 아닌 나 자신에게 집중하십시오.

지금 머문 이 순간이 여러분 인생에 가장 중요한 순간입니다. 내가 있는 자리에서 최선을 다해 열심히 사는 것이 가장 아름다운 삶, 빛나는 삶을 사는 비결입니다.

# 48

## 이제 다 괜찮으니
## 너는 너만 생각해!

저희 엄마는 오랫동안 일을 하신 분입니다. 제 기억에 엄마는 항상 일을 하셨고, 쉬는 모습을 뵌 적이 거의 없습니다. 어떻게 보면 쉬는 법을 잊은 걸 수도 있습니다. 그런 엄마에게 2년 전 쉬어야 하는 일이 생겼습니다. 뇌경색으로 병원에 입원을 하게 된 것입니다.

그동안 엄마는 몸이 약간 이상하다는 느낌이 들었지만 자녀들에게 알리지 않고 당신 스스로 한약과 건강식품을 사다 드시며 버티고 계셨습니다. 하지만 몸의 상태가 점점 나빠지고 이상이 느껴지자 저에게 연락을 하셨습니다.

"은정아, 엄마 몸이 이상해. 생각은 나는데 입이 잘 움직여지지 않아. 마비가 된 거 같아."

저와 언니는 그 이야기를 듣자마자 깜짝 놀라 병원으로 모시고 갔습니다. 다행히 손상된 부위가 작은 뇌경색이었지만, 이미 골든타임을 놓쳐 해당 부분의 뇌세포는 죽은 상태였습니다.

의사선생님 말씀으로는 증상 발생 후 몇 시간 안에 병원으로 바로 가면 막혀 있던 혈관을 뚫어주어 다시 혈액순환이 이루어져 괜찮아지는 경우도 있다고 합니다. 하지만 대부분은 일시적인 현상이라 생각하고 병원을 가지 않아 골든타임을 놓치고 만다고 합니다.

뇌에 조금이라도 손상이 가면 길을 가다가도 털썩 주저앉는다던가, 기억상실증에 걸린 것처럼 기억이 안난다던가, 입술이 내 마음처럼 움직이지 않는다던가, 밥을 먹다가도 숟가락을 툭 떨어뜨리게 됩니다. 더 심한 경우는 아예 쓰러져 깨어나지 못하거나 몸의 일부가 마비가 되는 일도 발생한다니, 그 정도가 아닌 게 얼마나 다행인지 모릅니다.

아픈 엄마를 보고 눈물이 차올랐지만, 엄마가 속상해 하실까봐 억지로 참았습니다. 그때까지도 엄마는 약간 멍한 상태셨습니다. 하지만 감사하게도 죽은 뇌세포가 담당했던 일들을 주변 뇌세포들이 나눠서 처리한다고 합니다. 그래서 시간이 흐르면서 점점 정신도 맑아지고 몸의 기능도 회복된다고 합니다.

하지만 언제라도 재발할 수 있는 병이니 몸 관리를 꾸준히 해야 한다고 의사선생님이 강력하게 경고하셨습니다.

가족들은 엄마에게 하시는 일을 그만 두는 게 좋겠다고 말씀드렸지만, 엄마는 끝끝내 거절했습니다. 계속 설득했지만 엄마의 고집을 꺾을 순 없었습니다.

하지만 지금 생각해보니 엄마의 판단이 맞았습니다. 그냥 일을 계속 하신 건 잘한 선택 같습니다. 물론 나이도 있으시고 체력도 약해지셨지만 엄마는 그냥 일을 해야 하는 사람입니다. 엄마에겐 그게 하루고, 그게 낙이고, 그게 운동이고, 그게 삶입니다. 왜냐하면 한 번도 쉬어본 적이 없는 사람이기 때문입니다.

엄마는 그렇게 사는 법밖에 모르는 분입니다. 그런 분에게 일을 하지 말고 집에서 쉬라고 말씀드리는 것은 감옥에 있으라는 선고와도 같은 것입니다.

엄마는 지금도 일을 하며 바쁘게 살고 계십니다. 하지만 요즘엔 삶의 자세가 바뀌셨습니다. 그동안 먹고 살기 위해 숨이 차오르게 헐떡이며 돈을 버셨다면 이젠 인생을 즐기기 위해 돈을 버십니다.

일을 하기에 규칙적인 생활을 하시고, 집에서 노는 것보단 시간도 잘 가고, 가끔 회사 친목회 회원들과 여행도 가시고, 저녁에 밥하기 싫으면 아빠랑 맛있는 외식도 즐기십니다. 그리고 2주에 한 번씩 저와 언니네가 모이면, 열 명의 대식구에게 맛있는 저녁도 시원하게 쏘시고, 손주들에게 용돈도 풍족히 주십니다. 엄마는 일을 하며 삶을 즐기는 법을 알게 되었습니다.

그런 엄마를 보며 많은 것을 느꼈습니다. 일을 한다는 것은 고된 일일지라도 소중한 것입니다.

힘들고 여유 없게 사는 것은 고통스럽긴 하지만 그래도 살고 있음에, 그것을 이겨내고 있음에 칭찬받을 자격이 충분합니다. 그런 고통이 있었기에 살 수 있었고, 자식들을 키울 수 있었으니 노동과 고통은 값진 결과를 낸 것입니다. 그것으로써 의미는 충분합니다.


모두에겐 주어진 일, 그리고 해야 할 일이 있습니다. 그 일은 힘들고 고될 수도 있습니다. 그래서 사는 것이 벌 받는 것처럼 느껴져 도망치고 싶기도 하겠지요.

하지만 그것은 사실이 아닙니다. 내게 해야 할 일이 있다는 것이 감사한 일이고, 내가 책임져야 하는 것이 있다는 것이 소중한 것이고, 그것을 할 수 있는 건강이 허락되었음에 감사해야 합니다. 그것으로 자신과 가족들이 밥을 먹고 살 수 있다면 정말이지 대단한 일을 해내고 있는 것입니다.

그것이 어떤 일이라도, 일을 할 수 있다는 것은 기쁨입니다. 그리고 일을 하며 배우고, 돈을 받으며 보람되고, 그 돈으로 나와 식구들을 먹여 살리니 가치 있는 것입니다.


엄마는 항상 결핍을 노래하셨습니다. 늘 힘들다고 말씀하셨습니다. 전 요즘 엄마에게 이런 이야기를 합니다.


"엄마! 엄마는 참 복이 많은 사람이야. 딸들이 잘 자라서 아들 딸 낳고 건강하게 잘 살고 있잖아. 이런 행복한 집안을 만든 건 다 엄마 덕분이야. 그리고 엄마는 직장도 좋잖아. 일을 하고 싶어도 못하는 사람들이 얼마나 많은데.

그리고 엄마는 이제 빚도 없잖아. 열심히 살면서 다 갚았잖아.

그리고 서울에 예쁜 집도 가지고 있잖아. 우리가 평생 집 없이 이사만 몇 번을 다녔는데 이젠 쫓아내는 사람도 없고, 때 되서 나갈 필요도 없고. 얼마나 좋아.

> 풍요란 없는 것을 걱정하는 것이 아니라 있는 것에 감사하는 것입니다. 이젠 나 스스로를 부족하다 여기지 않으니 스스로 많은 것을 가진 사람이 되었습니다.

그리고 엄마 아빠 운동도 열심히 하시고 건강하시잖아. 그게 얼마나 복이야. 우리 중에 엄마가 제일 많이 가졌어. 엄마는 진짜 복 받은 사람이야."

엄마에게 결핍이 아닌 풍요를 이야기해 주었습니다. 나름의 마음공부를 엄마에게 전할 의도이기도 했지만 진심이기도 했습니다.

그것이 어떤 울림이 있었는지 모르겠지만, 엄마는 조금씩 바뀌기 시작했습니다. 없는 것보단 있는 것을 바라보기 시작하셨습니다. 엄마는 이제 예전만큼 결핍을 노래하지 않습니다. 가끔 걱정하는 버릇, 한탄하는 말이 흘러나오기 하지만, 예전에 비해서 얼굴빛이 달리 보일 정도로 변하셨습니다.

"이제 엄마는 걱정이 없어. 엄마 아빠는 다 괜찮으니 이제 너는 너만 생각해."

결핍을 이야기하던 엄마는 풍요를 이야기합니다. 그리고 저를 위로해 주십니다. 얼마나 큰 변화입니까? 이것이 기적입니다.

제가 성공하고 싶었던 이유 중의 하나는, 엄마 아빠에게 물질적인 효도를 하고 싶은 거였습니다. 하지만 이제 그 집착을 조용히 내려놨습니다. 서로에게 미안해 할 필요와 의무를 가질 필요 없이 그저 각자 행복하면 됩니다. 이젠 물질적인 성공보단 내가 행복하게 사는 모습을 보여드리는 게 가장 큰 효도라고 생각하게 되었습니다.

이 얼마나 아름다운 선순환인가요? 서로에게 부담을 주지 않으며, 그저 서로가 잘 되길 사랑의 마음으로 기도합니다.

풍요란 없는 것을 걱정하는 것이 아니라 있는 것에 감사하는 것입니다. 이젠 나 스스로를 부족하다 여기지 않으니 스스로 많은 것을 가진 사람이 되었습니다.

# 49

## 당신을 사랑하지 않는 당신에게

당신은 나름 열심히 살았습니다. 태어난 순간부터 부모를 기쁘게 해주고 싶었고, 나름 이것저것 잘하고 싶어 노력도 했습니다. 더 나은 삶을 위하여 애도 써봤고, 먹고 살기 위해 일도 열심히 했고, 동시에 자아실현을 위해 꿈도 꾸었습니다.

시키는 대로도 했고, 참아도 보았고, 울어도 보았습니다. 하지만 여전히 당신은 당신을 사랑하지 않습니다. 인정하려 하지도 않고, 안아주지도 않았습니다.

왜 당신은 힘들고 열심히 살아온 당신을, 그토록 못마땅하게

> 있는 그대로의 당신을 안아
> 주십시오. 당신이 당신을 품어주지
> 못하면 당신은 그 누구에게도
> 사랑받지 못할 것입니다. 이제라도
> 지치고 애쓴 당신을 안아주고
> 토닥여주면 좋겠습니다.

여겼나요? 한번쯤은 '잘했다!', '수고했다!', '괜찮다!'고 보듬어 줄 수도 있는데, 왜 늘 다그치기만 했나요?

당신은 당신 몸이 살쪘다고 탐탁지 않아 했고, 당신의 출신과 배경을 초라하다 여겼으며, 그런 환경에서 자란 자신을 한탄스럽게 여겼습니다. 재능이 없음을 한심스러워했고, 학력과 직장과 수입은 늘 만족스럽지 못해 괴로워 했고, 언제나 더 좋은 것을 갈망하며 다른 곳으로 시선을 돌렸습니다.

맞습니다. 당신은 많이 아프고 지쳤을 겁니다. 당신이 당신을 보듬어 주지 못했기에 더 아팠겠지요. 나약해서가 아니라 위로받고 싶었을 뿐인데…. 당신은 그것을 몰랐겠지요.

하지만 저는 당신의 아픔을 알고 있습니다. 왜냐하면 저도 오랜 기간 저 스스로를 사랑하지 않았기 때문입니다.

이제 당신의 인정을 바랍니다. 당신은 열심히 살았지만 어떤 부분은 내 마음처럼 되지 않았고 실망했고 아팠다는 것을요. 더 잘살고 싶었던 순수한 욕심이 스스로를 구박하고 밖으로 내모는 모진 짓을 했다는 것을요.

하지만 당신도 잘 모르고 저지른 일입니다. 그저 행복하고 싶었기에 노력한 것뿐입니다.

따라서 그것은 그 누구의 잘못도 아닙니다. 어리석었던 당신을 탓할 필요조차 없습니다. 우린 그냥 몰랐을 뿐입니다.

이제라도 있는 그대로의 당신을 안아주십시오. 정말 고생한 당신을 이제는 품어주십시오. 당신이 당신을 품어주지 못하면 당신은 그 누구에게도 사랑받지 못할 것입니다. 당신이 사랑을 주지 않는 당신을, 다른 누구도 사랑하지 않습니다. 이제라도 지치고 애쓴 당신을 안아주고 토닥여주면 좋겠습니다.

"미안하다. 그동안 힘들었지? 너도 많이 애쓴 거 알아. 많이 지치고 힘들었지? 고생했어. 애썼어. 맘껏 안아주지 못해 미안해. 너를 인정해 주지 않아 미안해. 정말 고마웠어. 사랑해. 넌 이 세상에서 제일 멋진 사람이야. 네가 최고야."

# 50

## 당신의 가치는 얼마?

저는 한 번의 유산 경험이 있습니다. 첫 아이를 키우며 기다렸던 둘째를 임신했지만, 석 달 만에 계류유산 판정을 받았습니다. 계류유산이란 아기가 버티지 못하고 아기집에서 흘러나간 상태로 아무런 통증도 없이, 엄마에게 인사도 없이, 엄마 몸을 떠나는 자연스러운 유산입니다.

임신 3개월째 정기검진을 받으러 병원에 간 날, 그날은 아이의 심장소리를 듣는 날이었습니다. 아이의 심장소리가 들리면 병원에선 산모수첩을 줍니다. 하지만 저는 산모수첩을 받지 못했습니다. 왜냐하면 아이의 심장소리를 들을 수 없었기 때문입니다.

"아이 심장소리가 들리지 않네요."

의사선생님의 난감한 얼굴을 보는 순간 눈앞이 캄캄했습니다. 저를 제외한 모든 세상이 새까맣게 변하고, 세상에 외로운 저만 우두커니 앉아 있는 듯한 느낌이었습니다. 마치 만화책의 한 장면처럼 말입니다.

숨이 멎고 가슴이 아팠습니다. 제 아이는 그렇게 생명의 불꽃을 피지도 못하고 저의 곁을 떠났습니다. 유산이란 엄마에게 참으로 가혹한 일입니다. 병도 아니고 질환도 아닌, 그냥 그렇게 일어난 일입니다. 하지만 엄마는 아이를 지키지 못했다는 죄책감을 안고, 스스로를 자책합니다. 생명 에너지가 부족해서 자라지 못한 것이지만 엄마는 한없이 작고 초라해집니다.

"이건 엄마의 잘못이 아닙니다. 자책하지 마세요. 슬프지만 그 아기가 엄마와 인연이 아니었던 것뿐입니다. 더 예쁜 아기가 엄마에게 찾아올 것입니다."

> 왜 당신의 가치를 모르시나요?
> 당신은 별이자 빛이자 생명입니다.
> 이제 당신을 중심으로,
> 세상을 돌리십시오. 선택받은
> 특별한 당신은 창조력을
> 갖고 있는 존재입니다.

의사선생님의 이 말은 진심으로 큰 위로가 되었습니다. 그리고 매우 슬프지만 인정해야 했습니다. 이젠 정말 몸과 마음으로 작별해야 함을 알았기 때문입니다.

그리고 시간이 지나 지금의 둘째인 딸이 태어났고, 저의 두 아이들은 많이 자라 초등학생이 되었습니다. 저는 아이들을 보며 가끔 생각합니다.

'이렇게 건강하게 살고 있다는 것 자체가 축복이구나!'

맞습니다. 이곳에 태어났고 지금 살고 있다는 것은, 엄청난 생명 에너지가 있기에 가능한 일입니다. 대단한 확률을 뚫고, 기적으로 세상에 태어나서, 지금 이 순간까지 열심히 살아온 여러분! 여러분은 대단한 존재입니다. 모든 게 기적과 축복의 산물입니다.

하늘은 여러분께 삶을 선물하고 있는 중입니다. 엄청난 운으로 태어난 여러분은 아직 부여된 배움이 남았고 해야 할 일이 남았기에 오늘도 빛을 발하며 열심히 살고 있는 것입니다. 이 자체가 축복이 아닐 수 없습니다.

아직도 당신의 가치가 얼마인지 이해가 안 되시나요? 여러분은 수백억, 수십조의 생명들 중에 선택받은 존재입니다.

왜 당신의 가치를 모르시나요? 당신은 별이자 빛이자 생명입니다. 이제 당신을 중심으로, 세상을 돌리십시오. 선택받은 특별한 당신은 창조력을 갖고 있는 존재입니다.

# epilogue

## 당신은 아름답게 빛나는 별

지금까지 긴 글을 읽어준 여러분께 감사와 사랑을 전하고 싶습니다. 이 책의 끝자락에 마지막으로 간곡한 메시지를 전하고 싶습니다.

"여러분은 생각보다 멋진 사람입니다."

우리가 얼마나 사랑스러운 존재인지 당신은 알지 못합니다. 제가 이 긴 글을 통해 여러분께 드리고 싶었던 메시지는 이것입니다. 여러분은 모두 사랑받는 존재이며, 멋진 존재이고, 대단한 존재입니다.

마음공부는 스스로 하는 것이지 누군가의 강요로 이루어질 수 없습니다. 모든 판단은 여러분의 것이고, 여러분의 선택으로 세상은 창조됩니다. 하지만 우리가 어떠한 판단을 내린다 해도 변하지 않는 사실이 있습니다.

"당신은 멋진 사람이고, 당신은 사랑받는 존재입니다."

그동안 무수한 세상의 매질과 냉정함에 휘둘려 힘겨운 싸움을 하며 살아오셨나요? 노력하며 살았는데 왜 세상은 나에게 이토록 냉정했는지 저 또한 가슴으로 통감하며 살았습니다.

하지만 여러분! 스스로를 포기해선 안 됩니다. 그리고 스스로를 초라하다 생각해도 안 됩니다. 적당한 경고는 하되 모진 매질은 하면 안 됩니다.

마음공부는 우리를 돌아보게 해주고, 우리가 아팠다는 것을 인정하게 해줍니다. 그리고 성장하기 위해선 끝까지 나를 믿을 수밖에 없음을 일깨워줍니다. 믿음이란 우리가 생각하는 것보다 아주 큰 힘을 갖고 있습니다.

그러므로 이겨내고, 즐기고, 사랑하며 살기 바랍니다. 이 과정이 행복이 아니고 무엇이겠습니까?

저 멀리 우주의 다른 별에서 어떤 존재가 망원경으로 우리를 본다면, 분명 작은 별이고 빛일 것입니다. 빛은 모두 아름답습니다. 그러니 안심하고 여러분의 빛깔대로 살기 바랍니다. 당신은 아름답게 빛나는 별입니다. 마음을 열고 마음껏 빛을 뿜기 바랍니다. 여러분은 그럴 자격이 충분합니다.

이제라도 조금 숨을 고르고, 나의 빛깔을 빛내는 법을 연구하기 바랍니다. 아픔도, 슬픔도, 고통도, 기쁨도, 즐거움도, 행복도 모두 여러분의 아름다운 드라마를 꾸며주는 예쁜 물감입니다. 한 가지 색상으로는 아름다운 그림을 완성할 수 없습니다. 이 모든 것이 어우러져 여러분의 삶을 빛나게 하고 아름답게 합니다. 모든 것은 아름다운 삶을 위한 기쁨의 선물입니다.

여러분을 응원합니다. 그동안 고생 많으셨습니다. 이젠 힘들게 살지 말고 마음의 짐을 내려놓으십시오. 평안하고 마음껏 행복하시기 바랍니다.

"왜 제가 마음의 소리를 들어야 하는 겁니까?"

"그건 그대가 마음을 떠날 수 없기 때문이지."

"그럼 마음은 왜 오락가락 하는 겁니까?"

"그건 그대의 마음이 고통을 두려워하기 때문이지."

"그럼 저는 어떻게 해야 합니까?"

"그냥 마음의 소리를 그대로 받아들이게나.

그러면 마음은 그제야 그대에게 보물을 보여줄 수 있게 되리니…"


_파울로 코엘료《연금술사》